超エネルギー地政学

アメリカ・ロシア・中東編

岩瀬 昇

エネルギーフォーラム

はじめに

あなたは、日本が戦争を仕掛けられたり、戦争に巻き込まれたりする「危険がある」と感じているだろうか?

2018年3月10日、21時4分配信の産経新聞ウェブ版は『日本が戦争に巻き込まれる危険性ある』85%超 中朝との緊張不安 内閣府調査」と題する記事を報じた。

内閣府がほぼ3年に一度実施している『自衛隊・防衛問題に関する世論調査』結果の要点を報じたものだ。この世論調査は毎回、18歳以上の3000人ほどを対象に行っており、対象者数は少ないが、長期間にわたり継続して実施していることから、傾向を読むには十分なものといえる。

2018年1月に行った最新調査の結果では、日本が戦争を仕掛けられたり、戦争に巻き込まれたりする「危険がある」と回答した人が、回答肢の選択が現行と同じようになった2009年以降最高の85・5%に上った、とのことだ。

驚くべきことに、10人のうち9人近くの人が「危険がある」と感じているのだ。

前回3年前に実施したときには75・5%だったから、10%も増えていることになる。

核開発を急ぎ、日本近海に向けて長距離弾道ミサイル発射実験を繰り返す北朝鮮を巡る緊張の高まりの反映であろう。

人々が「戦争に巻き込まれる危険性」を強く感じるようになると、「地政学」という言葉を目にしたり、耳にする機会が多くなる。タイトルに「地政学」とついた本も多く出版されるようになる。

43年間のサラリーマン人生の「卒業論文」として、2014年9月に『石油の「埋蔵量」は誰が決めるのか?』(文春新書)を上梓し、その後、エネルギーアナリストとして活動している筆者も、よく「地政学リスク」という言葉を使っている。

だが、そもそも「地政学」とは何だろう?

太古の昔から、地球上の陸地や海の形状はほとんど変わっていない。それぞれの国には、それぞれの国の地理上の制約がある。この地理上の制約が、それぞれの国が持つ国力に大きな影響を与えている、とでもいう意味だろうか。

わかっているつもりでいて、実は曖昧なまま使っている言葉だ。

地政学リスク

筆者が「地政学リスク」という場合、私的な契約に含まれている不可抗力条項に該当するような事項が発生するリスクを念頭に置いている。

不可抗力とは、英文契約の"Force Majeure"の訳語で、商業契約の場合には、売主あるいは買主のどちらもコントロールできない、戦争や革命、暴動、社会騒乱、地震・津波などの自然災害、あるいは政府の決定・指示などの事項を指す。これらの事由により契約の履行が困難になったとしても、売主・買主ともに責任を問われない、免責になる、という取り決めである。

最近では、北海の油・ガス田からのパイプラインが操業を停止したケースがある。

2017年12月、イギリス領北海における、石油換算で日量100万バレル(以下、BD)の能力を持つ「フォーティーズ」油・ガス田からのパイプラインが操業を停止した。スイスに本拠を置くエネルギー企業「イネオス」が、同年10月にイギリスの大手石油会社「BP」から購入したパイプラインに不備が見つかったとして「不可抗力」を宣言し、送油・送ガスを停止したのだ。

あるいは、ナイジェリアやリビアなどの産油国では、生産地での騒乱などを理由に供給元が「不可抗力」を宣言し、原油供給を止めるケースが散見される。

このように一部地域で「不可抗力」が宣言され、供給が止まると、世界全体の供給量減少につながり、原油価格は上昇する。

原油価格の動向を検討する場合、これらの「地政学リスク」を無視することはできない、というわけだ。

「エネルギーフォーラム」出版部の山田衆三氏から「『エネルギー地政学』について書いてみませんか」とのお誘いを受けたとき、筆者の最初の反応は「でも、そもそも『地政学』とは何だろうか?」ということだった。「地政学リスク」なら、勝手な思い込みかもしれないが、前述のとおり説明ができる。だが、「エネルギー地政学」という場合、そもそも「地政学」とは何か、「エネルギー地政学」とは何を意味するのかをはっきりさせなければ、議論は進められない。

これは「勉強しろ」という天の声だと思い、お誘いを引き受けることにした。

人文地理学を勉強したい

思い起こせば埼玉県立浦和高等学校の3年生のころ、和辻哲郎の『風土』を読み、世界観が一変するような衝撃を受け、進路志望を大転換したことがある。

筆者は、中学時代とにかく数学が好きで、高校に入学するや否やすぐ前の席に座っていたA君を誘って数学部に入部したほどだった。入部試験なるものがあり、出された難しい問題を頭の中にある知識を総動員して回答した。先輩部員からは「こいつはｘｘの公式を使わずに、論理の積み重ねだけで問題を解いてしまった」と呆れられるも正解で、入部を許された。

そんな理科系生徒だったのだが、『風土』に衝撃を受け、大学に入ったら人文地理学を勉強したいと思った。いや、するんだ、と決意した。

家計が豊かでなかったため、進学先は国公立の大学と決めていた。あのころの国立大学の授業料は年間1万2000円で、文系私立大学の数分の1だった。

自宅通学が可能な国公立大学で人文地理学を学べるのは、東京大学の教養学部しかなかった。教養学部には、一般教養を学ぶ1~2年の課程のあとに、専門課程としての教養学科があった。人文地理のコースは、この教養学部教養学科にあったのだ。文科三類からの進学者が多いところだった。

進路相談のとき、その旨を伝えて「文科三類を受けたい」と申し出たら、担任の先生から「教養学科は人気が高く、文科三類からは競争が激しいから、ほとんどの人が法学部に進学する文科一類にしておいたほうがいい」と指摘され、文科一類を受験、入学した。

入学直後、新しくできた都会進学校出身の友人Nに「人文地理を勉強したいんだ」と言ったら呆れられた。一浪して文科三類に入学したNは「教養学科でも人文地理学では、企業への就職はできない。学者になるしかない。学者とは、毎日10時間以上、机に向かうのが仕事だ」と教えてくれた。筆者はすぐに図書館にこもってみた。だが、2時間以上も継続して机に向かっていることはできなかった。学者にはなれない、と思い知った。かくて教養学科人文地理コースに進むことをあきらめ、法学部を卒業し、サラリーマンとなった次第だ。

「地政学」とは、学問としての人文地理学の延長線上にあるのではないだろうか？　そんな疑問を胸に勉強を始めて、人生の不可解な邂逅に驚いている。

「人文地理学」の勉強を断念した筆者が今、「地政学」の勉強をしている！

本書で挑戦しているのは、本来「外交」の一助とすべき「地政学」を、原油あるいはエネルギーという切り口から取り上げ、43年間のビジネスマンとしての経験を交えながら、一般読者にわかりやすく解説するという難題である。

もとより学者になる能力はないと自己判断し、民間企業に43年間勤務しただけの筆者に、この挑戦がどれだけ成功しているのか、自信はまったくないが、本書は精一杯の成果である。

「地政学」とは何か、から始め、地球上のエネルギー産出国として重要なアメリカ、ロシア、中東を概括し、地政学的限界から、エネルギーに関しては「持たざる国」である我が日本のエネルギー政策の根幹を考える一助を求めてみた。

所詮は一介のサラリーマン卒業生の分析である。甚だ心もとない次第だが、本書の出来栄えについて読者諸賢の率直なご批判を仰ぎたい。
なお、本文では読者の便宜を考慮し、旧社名を現在の社名に変更したり、敬称などは省略したりしているので、ご了解願いたい。

２０１８年７月吉日　　岩瀬　昇

超エネルギー地政学

アメリカ・ロシア・中東編

もくじ

序章

地政学とは

地図から見えてくること

筆者は、子供のころ詩人だった。

あれは確か小学校2年生のころ、空を見上げてこんな詩を書いた。

　空は　あおい
　空は　ひろい
　どこまでも　ひろがっている
　あの空は　シベリアまでつづいているのかな

おそらく地図帳にあったシベリアが頭に残っていたのだろう。

筆者の母校は、次の東京オリンピックの年に創立150周年を迎える埼玉県蕨市立北小学校だ。高学年のころ、クラスメートや担任の先生から「社会科のイワセくん」と呼ばれていた筆者は、小さいころから地図帳が好きだった。

いま手元に『綜合　地歴新地図―世界・日本―』がある。必要が生じたときに絶えず覗いている地図帳だ。帝国書院発行の三訂版で、「平成9（1997）年」の発行となっている。単なる地図のみならず、要所に歴史上の重要事件が記されている。地図という横軸に歴史という縦軸が交差していて、読み物としても面白いものだ。「地歴」と銘打っている所以だろう。

表紙をめくると、「①世界の国々」と題された世界地図が広がっている（図1-1）。見開きの両ページの中央辺りに、実際には赤く塗られた日本がある。日本の右手には、広い太平洋を挟んでアメリカ合衆国がある。左手は、狭い日本海の反対側に、北からロシア連邦、朝鮮民主主義人民共和国および大韓民国があり、朝鮮半島の向こう側に中華人民共和国が広がっている。

　筆者が子供のころ、青空の彼方に思いを馳せたシベリアは、今はロシア連邦の一部となっている。かつてのソビエト連邦（ソ連）の東部に、今も変わらず横たわっている。

　現在はロシアとなっているが、筆者が子供のころはソ連だった。だが、この広大な国家の東部地域は、昔も今も「シベリア」と呼ばれている。

　この地図が示しているように、日本は周囲をすべて海に囲まれた島国である。これは、文明が存在した歴史上のどの時点においても、変わることのない事実だ。のちに紹介する「地政学の開祖」とされるイギリスの地理学者H・J・マッキンダーがいうように、「我々の記録に残る人類の歴史が始まってから、これまで数千年になるが、この間に、地球上の重要な地形はほとんど変化していない」（『マッキンダーの地政学　デモクラシーの理想と現実』、マッキンダー原著、1919年ほか。曽村政信訳、原書房、2008年9月）のだ。

　さらに、下方の4分の1ほどが区切られていて、現在のヨーロッパの地図と、②第一次世界大戦前の世界（1914年）、さらには③第二次世界大戦前の世界（1937年）が併記されている（図1-2）。②と③には、その当時のヨーロッパの地図も併記されている。
　②と③では、日本の領土として南樺太、朝鮮半島と台湾（②）が、さらには南洋諸島（③）が実際には赤く塗られている。
　近い将来、いや未来もおそらく、これらの地域が再び赤く塗られることはないだろう。帝国主義的侵略による植民地支配の時代は、もはや「歴史」でしかない。

出所：『綜合　地歴新地図―世界・日本―』帝国書院発行（三訂版）、1997年

図1-1 「①世界の国々」と題された世界地図

図1-2 「②第一次世界大戦前の世界」と「③第二次世界大戦前の世界」

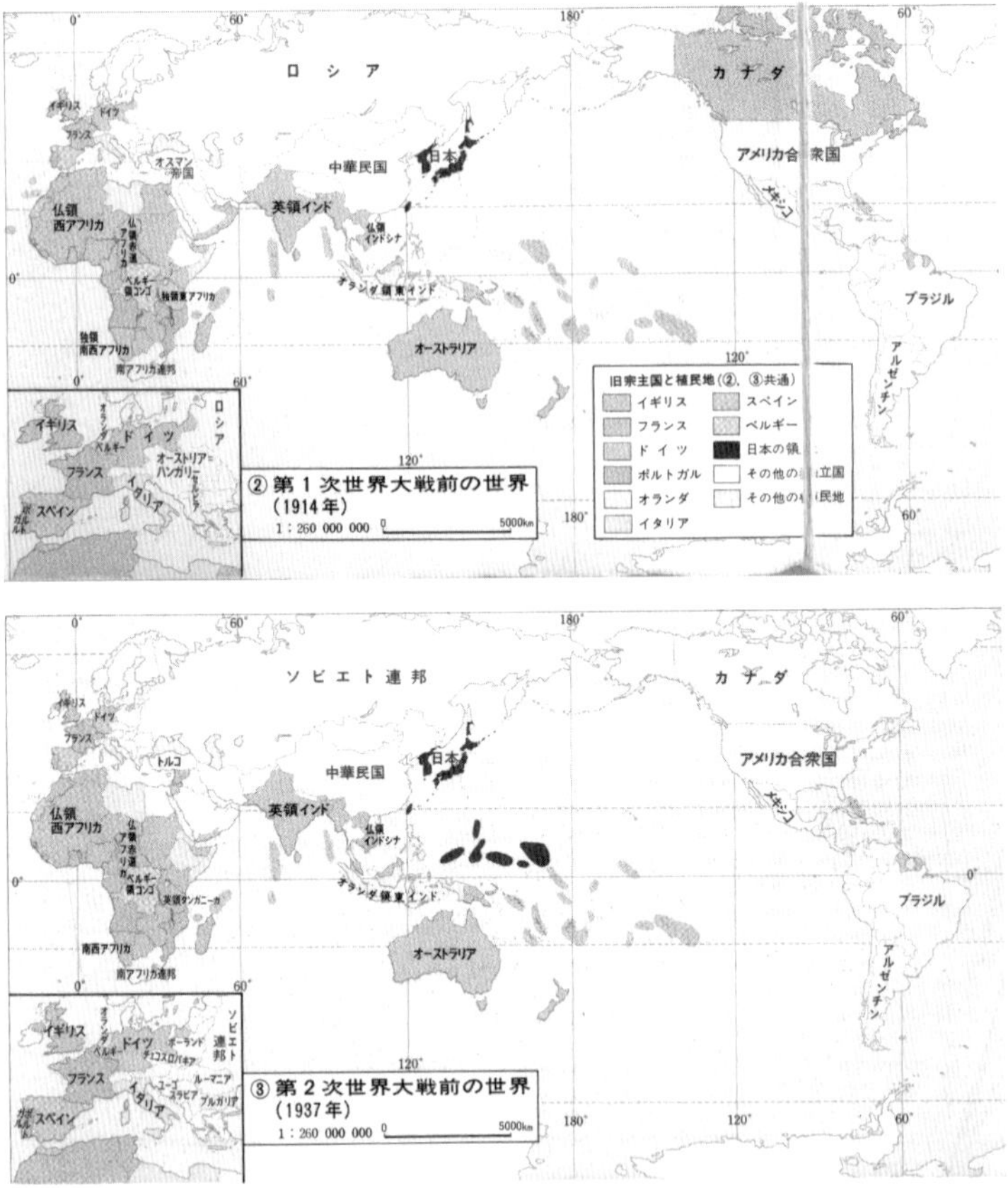

出所：『綜合　地歴新地図―世界・日本―』帝国書院発行（三訂版）、1997年

日本は、欧米からは遠く離れた地にある。周りは、②および③で実際には赤く塗られた旧植民地と、塗られてはいないが占領されていた記憶を持つ国々とで囲まれている。

このように日本は、ロシア、北朝鮮、韓国および中国を近隣に抱えた、現在の主要4島を中心とした島国国家として生きてゆかなければならない。

この地図から読み取れないのは、地下資源の存在だ。特に一次エネルギーとして重要な石油や天然ガス、石炭などの化石燃料が、どこに、どの程度賦存されているのかは読み取れない。

読み取れないが、我々は知っている。

有数の火山国として、断層の多い、地質年代の若い日本列島には、石油や天然ガス、石炭など化石燃料の埋蔵量が少ないというのは不変の事実だ。これは、過去も現在も、そして未来も変わることはない。

日本は、石油や天然ガスの供給を、埋蔵量が豊富で、自国消費の少ない中東に大きく依存している。そして、これからも依存してゆかなければならないだろう。

厳密にいえば、天然ガスは、現在でも中東への依存率は低く、将来はアメリカやオーストラリアなどに多くの供給を仰ぐことができるかもしれない。

あるいはまた、まだ未開発地域の多いロシアの東部シベリアや北極海沿岸は、石油や天然ガスの供給地として将来を期待できるかもしれない。

だが、当分のあいだ石油は、日本から遠く離れた中東に大きく依存せざるを得ないだろう。

この厳然たる事実の下に、「持たざる国」日本は、これからも生きてゆかなければならない。

古典地政学

地政学とは何か――。

本書の「はじめに」で記したように、最近よく耳にし、目にする言葉だが、正確な意味はつかみにくい言葉だ。

例えば、表題に「地政学」という言葉を含む次のような本をアトランダムに読んでみたが、今ひとつよくわからない。

『石油地政学　中東とアメリカ』（畑中美樹、中公新書、２００３年11月）

『石油と戦争　エネルギー地政学から読む国際政治』（中堂幸政、現代書館、２００６年１月）

『Ｇゼロ時代のエネルギー地政学　シェール革命と米国の新秩序構想』（福富満久、岩波書店、２０１５年１月）

『地政学リスク　歴史をつくり相場と経済を攪乱する震源の正体』（倉都康行、ダイヤモンド社、２０１６年３月）

『石油地政学の新要素』（須藤繁、同文館、２０１０年２月）

『21世紀　地政学入門』（船橋洋一、文春新書、２０１６年２月）

『使える地政学　日本の大問題を読み解く』（佐藤優、朝日新書、２０１６年５月）

『地政学入門　国際情勢の「なぜ」に答える！』（村山秀太郎、評泉社、２０１６年８月）

『中東　エネルギー　地政学　全体知への体験的接近』（寺島実郎、東洋経済新報社、２０１６年９月）

『現代日本の地政学』（日本再建イニシアティブ、中公新書、２０１７年８月）

　何冊か読んで、ようやく「地政学」とは何なのかがわかる本に遭遇した。少々古いものだが『地政学入門　外交戦略の政治学』（曽村保信、中公新書、１９８４年３月、以下、曽村本）が、それだ。

　大正２（１９２４）年生まれの、当時、東京理科大学教授だった国際政治学者の手によるこの書では、「地政学」とは「常に地球をひとつの単位とみて、その動向をできるだけリアルタイムでつかみ、そこから現在の政策に必要な判断の材料を引き出す」もの、「微妙に千変万化する外交戦略を立てる上での大前提の考察」であり、国際関係を静態モデルの連続として捉えがちな国際政治学に対し、「常に動態力学的な見地からみようとするもの」だとしている。地政学とは、一種の国際政治学なのだ。

　さらに曽村は「地政学的な考え方に親しもうとする人達にとって、ぜひ必要な心がけ」は、「いつも地球儀を片手にして、徹底的にそれに親しむこと」、そうすることにより「世界のあらゆる地方の相対的な距離関係」をつかむことだ、と指摘している。

　曽村本では、まず質疑形式で地政学の基礎知識を解説したうえで、いわゆる「古典的地政学」と呼ばれる欧米の先達たちの所説の数々を紹介している。今日でも地政学に言及するさい頻繁に参照される基本概念を多数含んでいるので、煩を厭わずこれらを紹介しておこう（以下、断りがない限り引用は曽村本）。

地政学の開祖マッキンダー

まずは「事実上、現代の地政学の開祖」と呼ばれるイギリスの地理学者、H・J・マッキンダー（1861〜1947年）である。

興味深いことに、マッキンダー自身は、「地政学」という言葉は使っていない。曽村は、海洋国家イギリスに生を受けたマッキンダーにとって、地理と人間社会が、また世界地理と戦略が関係しているのは当たり前だったからだ、と指摘している。

ちなみに「ゲオポリティク＝地政学」という言葉は、スウェーデンの地理学者ルドルフ・チェレーン（1864〜1922年）が20世紀の初めに使い始めたと伝えられている。

だが、マッキンダーの所説は、まさに「地政学」と呼ぶにふさわしいものなのだ。だから、彼こそが「地政学の開祖」と呼ばれているのだ。

マッキンダーは、日本では江戸時代末期に当たる1861年にイギリスに生まれた。同時代随一の地理学者として名声の高かった彼は、1899年に母校であるオックスフォード大学に創設された地理学院の初代院長として招聘された。1904年にはロンドン大学に新設された政治地理学院の院長になり、学院の経営に注力しながらも学生たちに経済地理学を教えていた。また保守党員であり、1910年から1918年までは下院議員も務めていた。

マッキンダーは、日露戦争が始まる1904年の1月に王立地理学協会で『歴史の地理的な回転軸（The Geographical Pivot of History）』と題した講演を行った。この講演で示した「回転軸（Pivot）」は、のちに「ハートランドの理論（The Theory of Heartland）」として有名になる概念だ。同氏は、第一次世界大戦の帰趨がはっきりした1918年の後半に『デモクラシーの理想と現実（Democratic Ideals and Reality）』を書き、翌年に出版した。

これらマッキンダーの論文は、曽村が翻訳した『マッキンダーの地政学　デモクラシーの理想と現実』（H・J・マッキンダー、原書房、2008年。1985年刊『デモクラシーの理想と現実』の新装版）に収められている。

マッキンダーのいう「回転軸」あるいは「ハートランド」とは、現在のロシア南部および旧ソ連構成国のカザフスタンあたりに相当する。

曽村によれば「回転軸というのは、現在のソ連（原文ママ）の領土に相当するユーラシアの内陸地帯のことで、将来ここを支配する者が世界全体の運命に非常に重大な影響を与えるようになるかもしれない」地域のことだ。こう分析しているマッキンダーの歴史観とは、ルネサンス以降のヨーロッパの発展は、大陸内部に安全を脅かす勢力が存在しなかったがゆえに可能だったが、今は海洋国家としてのイギリスの力も落ちてきており、内陸部の鉄道交通網が非常な勢いで発達していることもあり、世界は変わりつつある、というものだった。この史観に基づき、マッキンダーは「第一次大戦は（中略）ユーラシア大陸の心臓部（ハートランド）を制覇しようとする大陸勢力（ランド・パワー）と、これを制止しようとする海島国（インシュラー・パワー）（中略）つまり海洋勢力（シー・パワー）との間の死活をかけた闘争であるとみた。そして、今後、世界の平和を保証するためには、東欧を一手に支配する強力な国家の出現を絶対に許してはならないと力説した」のだった。

この考え方は、第一次世界大戦後に創設された国際連盟構想に多大の影響を与えた。

また、第二次世界大戦後、西側諸国が北大西洋条約機構（ＮＡＴＯ）を設立した背景にもマッキンダーの地政学があるといえるだろう。

日本の地政学に影響を与えたハウスホーファー

次に曽村は、第二次世界大戦前の日本にとって地政学といえばこの人、といわれたドイツのカール・ハウスホーファー（１８６９〜１９４６年）を紹介している。

陸軍軍人だったハウスホーファーは、のちにナチスの副党首となるルドルフ・ヘスを通じてヒットラーの知己を得、ミュンヘンの地政学研究所長などに就任、地政学に関する数多くの論文、書籍を発表した。翻訳され、日本に紹介されたものの中に『太平洋地政学』（初版１９２４年。改訂三版１９３８年。日本語への翻訳１９４０年、１９４２年）がある。なぜドイツの陸軍軍人だった彼が、この本を書いたのかは「謎」だが、「中欧の土地に閉じ込められた自国の現状に嫌気がさして、自分の地政学的予見能力を、大きな未来性を秘めた太平洋でためしてみる気になったのかもしれない」と曽村は書いている。

また曽村が「ハウスホーファーが始めたといわれるドイツの地政学の機縁となったもの」として第一に挙げている「ドイツ民族の生活圏（レーベンスラウム）の思想」が日本の地政学に与えた影響は、甚だ大きいものがある。具体的に「大東亜共栄圏」構想にどのような影響を与えたのかは立証困難だが、翻訳の時期などから、三国同盟の成立（１９４０年９月）から太平洋戦争の時代にかけての数年間、大東亜共栄圏構想を国民に納得させせようとしてイデオロギー的宣伝に利用した、と曽村は指摘している。ハウスホーファーが１９０８年から１９１０年にかけて、武官として日本に駐在していたことも、宣伝素材としては有用だったのだろう。

ちなみにハウスホーファー一族の晩年は哀れだった。ヒットラーの第三帝国が滅びる前年には、彼の妻が非アーリア系だったことが理由で「ダハウの強制収容所における恥辱にまみれた日々」が待っており、息子もまた「国防軍のクーデター計画に連座したという理由で逮捕され、処刑された、と伝えられている」。そしてハウスホーファー自身は、第二次世界大戦後の１９４６年に妻とともに自殺し、生涯を終えている。

復活したアメリカの地政学

続いて曽村は、戦後再び「『地政学（ジオポリティックス）』と名乗るものが、すでに名実ともに立派な市民権を得ている」アメリカの地政学の推移に章を割いている。

まず、アメリカ外交の屋台骨ともいえるモンロー主義がどのように打ち出され、時代とともに変化し、どのように適用されていったか、モンロー主義こそがアメリカの地政学そのものだとしてアメリカの外交史を概観している。

モンロー主義とは「孤立主義」として紹介されることが多いが、正確には欧州列強の介入を拒否し、「新世界」における自らの覇権地域を死守せんとする「相互不干渉主義」とでもいうべきものである。それは、１８２３年、第５代モンロー大統領が議会に送った教書のなかで表明した対欧州外交の基本方針の次の三原則をみればわかる。
（1）非植民の原則：南米に対する将来の植民地活動の禁止。
（2）非干渉の原則：大陸ヨーロッパの政治組織を西半球に拡大しようとする一切の試みは、アメリカ国民の平和と安全への危険であるとみなす。
（3）非介入の原則：アメリカ合衆国の側からは、ヨーロッパ諸国の内政にけっして介入しない。
このようにモンロー大統領は、帝国主義時代の欧州列強に対し、南米を含むアメリカ大陸には手を出すな、「以降、アメリカは西半球の保護者になる」と表明したのである。当時、ヨーロッパが世界の中心であったため、（3）がクローズアップされることが多いが、モンローの狙いは（1）と（2）にあったのだ。

冷静に考えると、トランプ大統領の「アメリカ第一主義」もまた、一種のモンロー主義といえるだろう。世界中のどこであっても、ときの政権が「アメリカ国民の平和と安全への危機であるとみなす」ならば、アメリカは自国に有利になるように行動する。一方、みなさなければ「けっして介入しない」ということだ。

モンロー主義の適用範囲は、アメリカの実力の推移とともに変化していった。

客観的に、その時々の適用実態を把握することは難しいが、参考のためにと曽村は、日本軍による真珠湾攻撃の3カ月後に『スパイクマン地政学　世界政治と米国の戦略』（原著、1942年。芙蓉堂書房出版、2017年1月）を出版したニコラス・J・スパイクマン（1893〜1943年）を「地政学的な物の考え方が、どんなにアメリカの対外政策の理解に役に立つかを実証した」、「アメリカ地政学の最初の功労者だ」として紹介している。

スパイクマンが検討したのは、「西半球の防衛という観念が果たして現実に役に立つか」ということだった。検討の結果、「成り立たない」という結論に達したスパイクマンは、「ハートランドの勢力の拡大を阻止する」ためには、ハートランドの周辺であるユーラシア大陸周辺の「縁辺の諸国（リムランズ）と共同」するしかない、との結論に達したのだった。

この考え方は、戦後の冷戦期に、ソ連に対する封じ込め政策（Containment Policy）として実用化された。

また、マッキンダーにも影響を与えた『海上権力史論』（原著、１８９０年。原書房、新装版２００８年）の著者アルフレッド・マハン提督（１８４０～１９１４年）の「シーパワー理論」については、「あまりにも有名で、今さら多くの手間ひまをかけて説明する必要もない」としている。曽村本では、「ヨーロッパ諸国によって熟成された海上権の保護に関する習慣について」「軍事的な側面」をまとめたのが「シーパワー理論だ」と指摘しているのみなのだ。

戦後日本では封殺された地政学

曽村の『地政学入門』を読んで、「地政学」が国際政治学の一種であり、国家としての自らの立ち位置を絶えず地球規模の視点から把握する必要があることを教えてくれるものだ、ということがわかった。

では、日本ではどのように研究されているのだろうか。昨今の「地政学」ブームにもかかわらず、学者が書いたもの、あるいは学問的な文献がなかなか見当たらないのはなぜなのだろうか？根本的な疑問にぶち当たった。

そこで「第二次大戦が始まる前後のころは、日本人のあいだで地政学といえば、概ねカール・ハウスホーファーの名前と結びついていた」という曽村の記述にヒントを得て、「戦前日本の地政学」で検索をしてみた。すると、京都大学学術情報リポジトリＫＵＲＥＮＡＩというサイトに『戦前戦中の欧米諸国および日本における地政学の動向』が掲載されているのを発見した。著者は柴田陽一氏で、２０１４年３月の発表となっている。

この報告書は、国土庁と経済企画庁が共管している一般財団法人日本開発構想研究所傘下の国土計画研究会という勉強会が、「国土政策における地政学のあり方は如何？」という関心事に基づき、京都大学人文科学研究所の産官学連携研究員の柴田を講師として招いてレクチャーを受けた際の議事録の体裁となっている。

柴田は１９８１年生まれ、地政学を中心とする地理学史研究を専門とする少壮の学者で、レクチャー当時は戦時中に活躍した地理学者・小牧実繁（１８９８〜１９９０年）京都帝国大学地理学教授およびその周辺の研究を進めていた。

柴田によれば、「伝統的な地政学（ないしは古典地政学）」とは、「国家の地理的位置や、それを取り巻く地理的条件の理解をもとに、大国間の政治的関係、特に軍事的対立を含む外交の分析を行い、特定の国家の軍事・外交政策への応用を目指す学問分野」と大まかにいえるそうだ。

また柴田は、第一次世界大戦から第二次世界大戦にかけて「地政学はドイツや日本を中心に発展した」が、「戦後は、枢軸国といわれる国々で『侵略戦争』を正当化した学問分野として否定的な評価を受け」たため、本来は「国家的なスケールを扱う領域」だったのだが、日本では「国際的なスケールは扱わないでおこうという雰囲気が、１９８０年代くらいまでずっと続いたそう」だと指摘している。

つまり曽村が『地政学入門』（１９８４年）を著したころまでは、戦後日本には「地政学」を「伝統的な地政学」同様の国家スケールで研究する学者がいなかった、ということだ。

一方で、アメリカのキッシンジャー元国務長官が「ジオポリティカル（Geopolitical）」という言葉をあちらこちらで使うようになったことから「地政学」という言葉に対する拒否感がだいぶ薄れるようになった。その結果、１９７０年代後半から１９８０年代にかけて地政学に対する関心が復活してきて、地政学の名を冠した本がたくさん出版されるようになった。だが、「アカデミックなほうからみると、そういった本は、とても学術的な検討に耐えられるようなものではなく、一般受けするような形で本を書いただけ、とみなさざるを得ない代物」なのだそうだ。

学問としての地政学

それでは学問の世界では、「地政学」は今でも忘れ去られたものなのだろうか？

柴田によると、日本と英語圏では事情が違うようだ。

曽村も『地政学入門』のなかで「現在のアメリカでは、『地政学（ジオポリティックス）』と名乗るものが、すでに名実ともに立派な市民権を得ている」と指摘している。旧枢軸国の日本やドイツでは忌避されていた「地政学」が、様相を若干変えてはいるものも、学問としても復活しているのだ。

柴田は「学術的な意味では、１９８０年代に入ると、英語圏の特にアメリカやイギリスの政治地理学で『新しい地政学』という分野が登場」した。「それは、『地政学』という名前はついているのですが、軍事や外交などの国政や国際関係を分析対象とする政治地理学といった意味合いです」としている。

一方、日本には、地政学者といえる人はほぼ皆無らしい。

質問に答える形で柴田は、「最近、日本で地政学者を名乗っている人として奥山真司」氏がいる、「英語圏で地政学というか戦略学を実際に学んで帰ってきた人で、恐らくすごく豊富な知識を持っているし、翻訳本もたくさん出していて、すごく偉いなと思っているのですけれど、何というか、お書きになるものがちょっと……」として、地政学的な「現状分析に関しては若干首をかしげざるを得ないし、何か残念だなと僕は思ってしまった」そうだ。

現状、日本では、イギリスやアメリカで登場した「新しい地政学」や、その一分野である「批判的地政学」というものを取り入れている段階で、まだきちんと確立したものとはなっていないようなのだ。

ここでは、しばらく柴田の解説を追ってみよう。

言説の実践としての地政学

「新しい地政学」については、イギリスやアメリカでも政治地理学が「選挙分析や市町村合併などの分析に傾いていたところ、新しい形で国際関係を扱うときに『新しい地政学』という名前をつけたという形」だといい、「なかでも、『批判地政学（Critical Geopolitics）』という分野は、地政学を言説の実践としてとらえ直そうとしている点で注目される分野となっている」、としている。

この「言説」という概念がわかりにくいのだが、のちに紹介する大阪市立大学大学院文学研究科教授の山崎孝史（１９６１年～）の『政治・空間・場所―「政治の地理学」に向けて』（ナカニシヤ出版、２０１０年、以下、山崎本）によれば、「主に言葉で表現された内容を意味するが、言葉に限らず、さまざまな表現行為、所作、振る舞いを含む。そうした行為について、行為を通して特定の意味がつくり出され、その行為を取り巻くさらに広い社会的・政治的な概念や意味の体系に結びつけられ、行為が正当化されるような場合がある。そういう行為を言説という」のだそうだ。そして山崎は、「言葉による表現が特定の空間や場所を巡る想像や表象を意味し、歴史的・政治的な文脈の中である種の真実性を持つものとして扱われることがある。そのなかでも、政治的に重要で社会的に大きな影響をもたらすものを地政言説と考えることができる」と「地政言説」を定義づけているが、柴田は『地政言説』（中略）は、特定の文化が描き出す世界政治に関する地理的な物語やイメージのことを指している」、と説明している。そして、「こういった地政言説というものが、古典地政学の実践者たちがやっていたことなのではないか、という見方をする」のだ、と。つまり「マッキンダーなどが示した地政学的世界観も全部、地政言説であるともいえる」のだそうだ。

柴田は「僕もだいたいこの意見に賛成しています」と自らの立場をはっきりさせているのだが、「批判地政学の立場に立つと、地政学の特徴は3つある」と次のように述べている。少々長いが、全文紹介しておこう。

「1つは、地政言説は世界情勢における権力と危険についての切実な問いを発します。『本当に危険で、直ちにどうにかしなければならないよ』ということを訴えかけてくるような文体というかレトリックになっています。

2つ目、地政学の魅力は複雑な世界を『敵と味方』、あるいは『狂信と文明』といった地域に二分して、世界政治についての単純化した枠組みを提供することにあります。

3つ目、それで地政学が人気を博する理由は、それが一種、魔法のごとく世界の情勢の将来的方向性についての洞察を与えるように見えるからです」。

そして、こう結論づけている。

「今から紹介していく何人かの地政学の戦略家が『現実ですよ』として示した世界は、実は特定の時間と空間の文脈から描き出されたものに過ぎないし、また、多様で複雑な現実があるにもかかわらず、それを特定の視点から単純化してみせたものに過ぎない、という理解が得られるでしょう」。

このあと柴田は、伝統的地政学あるいは古典地政学の先達たち、すなわち「シーパワーの理論」を打ち出したアメリカのマハン、「ハートランド理論」のイギリスのマッキンダー、「ゲオポリティク（Geopolitik）」つまり「地政学」という言葉を初めて使ったスウェーデンのチェレーン、戦時中、日本の地政学に大きな影響を与えたドイツのハウスホーファー、そして第一次世界大戦後の国境線確定という大きな仕事をしたアメリカのボウマン、「ハートランド」の外側にある「リムランド」という地域をどうするかが重要だ、と指摘したスパイクマンの所説を紹介しているのだが、すでに重要なところは曽村の『地政学入門』に基づき紹介済みなので、ここでは省略させてもらう。

要は、これらの所説がすべて、普遍的な理論的枠組みというものではなく、その時々の、帝国主義的発想で国益実現を求めていた諸国家の、外交戦略を正当化するためのものだった、ということだろう。ナチス・ドイツおよび軍国主義日本においては、対外膨張や他国侵略を正当化する理論として喧伝されたものだ、といえばわかりやすいだろうか。

なお柴田は、自らがその立場に立つと明言している「新しい地政学」および「批判的地政学」については、先に引用した山崎本に依拠している、と述べている。

本来であれば、山崎のこの本の概要も紹介すべきだろうが、すでに紹介した「言説」や「地政言説」など、多くの専門用語を定義し、それらの専門用語を基本に組み立てられている理論を理解し、読み進めることを前提にしているため、学問の世界の外にいる我々が理解するのは容易ではないので、ここでは省略させてもらいたい。

ただ、日本における最近の「地政学」の位置づけを理解するために、山崎本に記載されていることをいくつか紹介しておこう。

日本の地政学を巡る研究の現況

まず山崎は、改訂版の「まえがき」で「本書は（中略）学部専門課程以上で地理学を専攻（しようと）する学生を対象に書かれて」いると、本書を一種の教科書として大学院生程度の学生に読まれることを念頭においている。

次に、山崎は「日本に政治地理学という分野が（中略）『確立』されているとは必ずしも考えていない」として下記する5つの理由（要点のみ）を挙げている（第2章　戦後の政治地理学―その日本的展開　2．4　政治地理学の確立に向けて）。

1．研究者数が少ない。体系的カリキュラムが存在しない。
2．権力との関わり方に関する視座が確立していない。
3．分析スケールがミクロ・ローカルに限られており、重層的作用を看過している。
4．日常化した政治、常態化した戦争と国際関係の緊張などを十分に検討、分析できる段階にない。
5．欧米の研究の輸入超過状態で国際発信力に乏しい。

そして、さらに「日本の地理学における地政学的研究は『日本地政学』衰退後に研究の断絶があり、イギリスやアメリカにおける『新しい地政学』の摂取もようやく地についたばかりである」が、「1930年から2011年までの82年間に刊行された『地政学』をタイトルに含む文献（単行本、報告書、雑誌）の年次別刊行数」を分析した結果、「第二次世界大戦期に歴史上最大のピークを迎え、戦後は１９７０年代までほとんど刊行されず、１９８０年代初頭に２つ目の大きなピークが現れる。その後、１９９０年代から漸増傾向を示し、現在は２００１年以降に見られる3番目のピークに入っている。つまり、社会的にみると地政学はもはや復活しているといえるのである」と指摘している（第10章　言説の政治　10．２　地政学の流行）。

山崎本に添付されている資料によれば、１９４３年の最大ピーク時が28冊、２つ目のピークである１９８２年が６冊で、３番目のピークに入っている２００１年以降の最高は２００４年の９冊である。

山崎は「地政学書刊行数の推移を、日本政府がほぼ3年おきに実施している『自衛隊・防衛問題に関する世論調査』（１９６９～２００６年）の調査結果と対比して」、「１９８０年代初頭と２００１年以降の世論調査結果で共通しているのは、多くの回答者が『日本が戦争に巻き込まれる危険性が高い』と感じた時期だということ」だとしている。

新たなピークを迎えている

ちなみに２０１１年以降はどうなっているのかと思い、同じ国立情報学研究所の図書検索システム「Webcat Plus」をチェックしてみた。すると、「地政学」という言葉をタイトルに含む著作物発行件数は、次のようになっていることが判明した。

２０１１年　７冊

２０１２年　4冊
２０１３年　2冊
２０１４年　7冊
２０１５年　8冊
２０１６年　24冊
２０１７年　23冊

このように２０１６年には24冊、２０１７年には「曽村本」の改版やアルフレッド・マハン提督の著作13冊からの抜粋本『マハン海戦論』、あるいは本邦初訳になる『スパイクマン地政学』などを含めて23冊が出版されている。もはや２つ目のピークを大きく超え、山崎教授が山崎本を執筆していたころよりも圧倒的に多い文献が刊行されているのだ。第二次世界大戦期に並ぶピークを迎えているといってよいだろう。と、いうことは、世の中の多くの人が、第二次世界大戦中と同程度に「戦争に巻き込まれる危険性」を感じているのだろうか。

本書を執筆している２０１７年から２０１８年にかけて、北朝鮮を巡る「危機」が急激に悪化し、一触即発の状態で推移してきている。１９６０年代のキューバ危機は遠く離れたところのものだったが、北朝鮮はすぐ隣りだ。多くの国民が「戦争に巻き込まれる危険性」について、おそらく戦後最大のものとして感じているのではないだろうか。

地政学の逆襲

勉強を進めているなかで『地政学の逆襲　「影のＣＩＡ」が予測する覇権の世界地図』（原著２０１０年。翻訳・櫻井裕子、２０１４年12月30日、朝日新聞出版）という、極めて刺激的なタイトルの本に遭遇した。「戦場ジャーナリスト」としてイラン・イラク戦争やアフガン戦争、アフリカ各地などで取材活動を行い、数多くの「国境」を自らの足で越えた経験を持つユダヤ系アメリカ人、ロバート・Ｋ・カプラン氏の手になる書だ。

実は、邦訳本のタイトルには「地政学」という言葉が冠されているが、原題は「The Revenge of Geography＝地理の逆襲」となっている。「地政学」ではなく、「地理」（あるいは「地理学」）となっているのだ。さらにサブタイトルが「What the map tells us about coming conflicts and battle against fate」となっているように、「geography＝地理」あるいは「map＝地図」に重点を置いたものである。

邦訳本のタイトルを「地理」ではなく「地政学」としたのは、おそらく出版社の編集部および営業部の判断だろう。「地政学」のほうが「地理」よりは圧倒的に人目を引くからだ。

著者は「日本語版に寄せて」のなかで、次のように本書の目的を記している。

「進化するテクノロジーを享受する多くの人々にとって『地図』あるいは『地理』という概念は、もはや意味を持たなくなっているようだ。つまり、グローバライゼーションによって地理は消滅し、世界は『フラット化』しているというのが現代社会に生きる者たちの共通認識になっている」。

「本書は、そういったトレンドに逆らい、解釈を正すという意図がある。揺るぎない事実を私たちに示してくれる地理は、世界情勢を知るうえで必要不可欠である。山脈や河川、天然資源といった地理的要素が、そこに住む人々や文化、ひいては国家の動向を左右するのだ。地理は、すべての知識の出発点である。政治経済から軍事まで、あらゆる事象を空間的に捉えることで、その本質に迫ることができる」。

世界が「フラット化」している、ということについて著者は、「序章　失われた地理感覚を求めて」の中でも次のように述べている。

「私は30年以上報道に携わってきた経験から、ジェット機と情報化の時代に失われた時間・空間感覚を、誰もが取り戻すべきだと痛感している。世界を誘導するエリートたちは、海や大陸をいとも簡単に超え、『ニューヨーク・タイムズ』の高名なコラムニスト、トーマス・L・フリードマンのいう『フラット化した世界』を、わけ知り顔で語る」と。

ここで著者が参照している「トーマス・L・フリードマンのいう『フラット化した世界』」について補足説明をしておこう。

原著が２００５年に出版されたフリードマンのベストセラー「The World is Flat: A brief history of the Twenty-first century」は、日本では『フラット化する世界：経済の大転換と人間の未来』と題して、２００６年5月に日本経済新聞社から出版された。フリードマンは本書の中で、次のように現状を分析し、未来への提言を行っている。

「ベルリンの壁崩壊による冷戦の終結と通信テクノロジーの進化により、世界全体が同じ一つの土俵の上で、競争し、共同で作業を行い、またどこででもイノベーションを起こすことが可能になった、したがって21世紀は、この事実を前提に生き抜いていかなければならないと説いているのだ。つまり、象徴的にいえば、丸い地球がフラットになった」と。

これに対してカプランは、「世界を誘導するリーダーたち」が「わけ知り顔で語る」「フラット化した世界」という視座では、世界の現実を正しく把握できないと主張する。

カプランは次のように述べている。

「本書ではもはや地理など問題ではないという考えに激しく反発する思想家たちの考えを紹介し」、「彼らの叡知をもとにユーラシア全体で過去に起こったこと、これから起こりそうなことについて考えていきたい」。

「物理的現実をとらえる感覚が、どのようにして、なぜ失われたのか（中略）。今は亡き学者たちの豊かな見識の助けを借りて、失われた感覚をとり戻す方法を探していこう、それがこの旅の目的である」と。

したがって、本書のタイトルを「The Revenge of the Geography」としたわけである。

地政学はエセ科学？

『地政学の逆襲』を読んでいて、気がつかされたことがいくつかある。

その中で最も印象的なのは、国際的政治学者モーゲンソー（1904〜1980年）が「地政学は『地理的要因を絶対的要因に仕立て上げるエセ科学だ』と呼んだ」とある点だ。

出典を見ると、第二次世界大戦後まもない1948年に書かれた『国際政治　権力と平和(Politics among Nations: The Struggle for Power and Peace)』(岩波文庫、2013年)とある。どのような文脈の中で指摘しているのか、該当箇所を探してみたら、自国の力を他国の力と比較する場合、すなわち「国力の評価」をする時に往々にして誤りやすいポイントが3つあるが、その1つが「単独要因が重要と考え、他の要因を無視すること」であり、「地政学」はその「単独要因」のひとつだ、ということだった。さらに「ナショナリズム」と「軍国主義」も「地政学」と同様の要因だと指摘している。

ちなみに誤りやすい他の2点は、「力の相対性の無視」と「動的な変化の見落とし」である。

モーゲンソーは次のようにいっている。

「地政学は、地理という要因が国家の力を、従って国家の運命を決定するはずの絶対的なものであるとみなす、エセ科学である。地政学の基本概念は空間である。だが、空間は静的なものであるが、地球の空間で生活している人びとは動的なものである」。

「地政学は(中略)国力の現実の一面についての有効な映像、つまり、排他的かつそれゆえ歪曲された角度から地理を描いた映像を示した。地政学は、ハウスホーファーや、その弟子たちの手によって、ドイツの国家的熱望に奉仕するイデオロギー的武器として使用される、一種の政治的な机上の空論に変容したのである」。

カプランも「地政学の目的は勢力均衡を実現することにあるが、ナチスは勢力均衡の転覆を試みたため、ナチスによるマッキンダーの利用は、マッキンダー自身の考えを曲解するものだったといえる。むしろ勢力均衡は、各国の安全を保障するための、自由の礎になるというのがマッキンダーの考えなのだから」と書いている。

また、カプランは地政学の重要性は認めるが、モーゲンソーと同じように、世の中でときに安易に信じられている「決定論」とはみなしていない点も注目すべきである。

本章の「言説の実践としての地政学」の節で紹介した柴田が、「地政学の魅力」として挙げている「世界政治についての単純化した枠組みを提供する」、あるいは「魔法のごとく世界の情勢の将来的方向性についての洞察を与えるように見える」点について、カプランは立ち止まって熟考する必要性を述べているのだ。例えば、カプランは次のように指摘している。

「地理は物事のあり方を決めるというより、特徴づけるといったほうが近い。地理は従って、決定要因と同義ではない。しかし地理は、経済力と軍事力の分布と同様、国家の行動の重要な制約要因であり、扇動要因でもある」。

「もちろん地理や歴史、民族的特性は未来の出来事に影響を与えるが決定はしない」と。

カプランは、以上の観点から世界の情勢を分析し、将来の予測を行っているのだが、それらの紹介は、本書の目的ではないので読者諸兄がお読みになることをお勧めして、先に進めることとしよう。

エネルギーを地政学で読み解くと

これまで「地政学」とは何か、について関連書籍を紹介しながら検討してきた。その結果判明したのは、一般的に「地政学」というと古典的地政学のことで、最近では「政治地理学」の一分野としての研究課題だということだ。しかも、日本では未だ学問として確立しておらず、英語圏からの研究を摂取している段階なのである。

つまり、学問的な意味では「地政学」という言葉を安易に使うことは妥当ではないようだ。

だが、前述したとおり、昨今「地政学」を冠につけた文献が多数執筆されている。本書を執筆中の2017年から2018年にかけても、シリアやイエメンをはじめとする中東情勢や、緊迫化が続く北朝鮮情勢に鑑み、いわゆる「地政学リスク」への世の中の関心も高くなっている。山崎も認めているように、「社会的にみると、地政学は復活しているといえる」のだ。今回の出版社(「エネルギーフォーラム」出版部の山田衆三氏)から筆者への執筆依頼も、このような社会的情勢に基づいたものなのだろう。

したがって、次章以降、カプランのいう「制約要因」であり「扇動要因」である地政学的事実を踏まえ、石油および天然ガスを中心としたエネルギー情勢の現状と将来を読み解いていこう。

第1章

予測不可能なトランプ大統領を生んだアメリカ

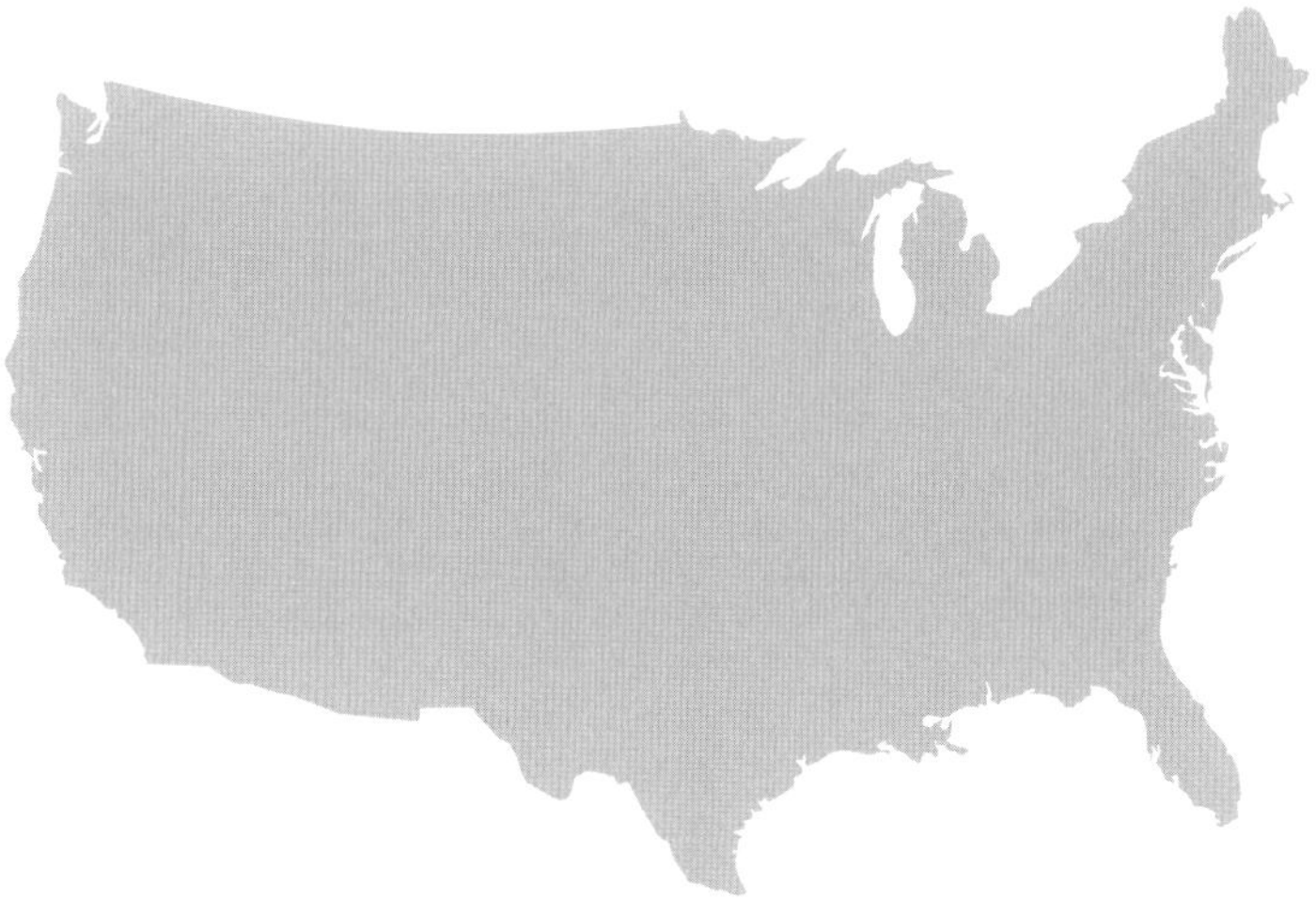

２０１６年は、大方の事前予想を覆す世界的な政治事件がいくつも起こった年だ。ひとつは「ブレグジット（Brexit）」と呼ばれるイギリスの欧州連合（ＥＵ）離脱であり、もうひとつがトランプ大統領の誕生である。

背景にあるのは、情報技術（ＩＴ）の革新による情報伝達能力の拡大・拡散と、２０１１年の「アラブの春」に起因するシリア内戦がもたらした膨大な数の難民のヨーロッパ流入だ。人々はネットやテレビを通じ、世界中のニュースを瞬時に知るようになった。シリア難民の姿も日常的に報じられていた。

一方、身の回りで移民や難民が関与した事件が起きると、遠く海外で起こっているニュースのイメージと重なり、大事件と捉えて反応するようになっている。冷静な事実認識の前に、感情的反応がそのまま行動につながっている。

「選挙で落ちたら、ただの人」になる政治家たちは、意識的にせよ、無意識にせよ、そういった人々の感情に乗り、ときに煽り、集票活動に結びつけている。

ポピュリズムが政治を動かす主要な要因の時代となったのだ。

トランプ大統領の誕生は、おそらくトランプ氏自身も驚いた番狂わせであった。

２０１８年1月の発売前から評判を呼んだマイケル・ウォルフの〝Fire and Fury : Inside the Trump White House〟は大ベストセラーとなり、早くも同年2月23日に邦訳本『炎と怒り　トランプ政権の内幕』（早川書房）が出版された。

この本の中で、選挙戦中トランプ自身も「勝つ」とは思っていなかったことが記されている。

「トランプは負けたときのスピーチまで用意し始めていた——『こんなの不正だ！』（原文：It was stolen!）」。

「トランプは（中略）政権移行にまつわるあれこれを考えることすら嫌がった。（中略）時間の無駄だと信じ込んでいた」。

「トランプは勝つはずではなかった。というより、敗北こそが勝利だった。負けても、トランプは世界一有名な男になるだろう。〝いんちきヒラリー〟に迫害された殉教者として」。

開票が始まり、当選することが確実視されると、トランプは当惑し、「幽霊を見たような顔をしていた」、「トランプから敗北を固く約束されていたメラニアは涙していた」と記されている。

側近中の側近であり、トランプ政権誕生後、主席戦略官に就任したスティーブ・バノンを除く誰もが敗北を前提としていた。だからホワイトハウス入りするために最低限必要な「身辺調査」の準備を誰もがしていなかったのだ。関係者は全員「あの大統領選挙に『かかわっていた』という事実によって何か恩恵が受けられれば、それでよかった」のだと、著者は「日経ビジネス」編集委員の石黒千賀子氏の問いかけにも応えている（『『炎と怒り』の著者が明かす、トランプ政権の内幕」日経ビジネスオンライン、２０１８年3月5日）。

選挙活動中「有権者の受け」はよいが実現性の乏しい、また整合性に欠けるいくつかのスローガンを連呼して大統領になってしまったトランプは、多くの障害に遭いながら数多くの補佐官を指名し、さらに「歴史上、最も平均ＩＱの高い内閣」を組成してスタートした。軍人とウオールストリート出身者が核をなすトランプ政権だ。

だが、就任から1年、これほど「離職率」の高い政権はなかった。各省の大臣は別として、トランプと日常的に接する機会の多い高官では、呆れるほどの人数が交代している。

ブルッキングス研究所が取りまとめたところによると、就任1年間の間にトランプ政権では側近64人中、22人が辞職している。なんと34%である。これは、歴代の政権の中でも突出して高い。

同取りまとめでは、各大統領就任1年後の離職率は次のとおりとなっている。

オバマ　9%

ブッシュ　6%

クリントン　11%

レーガン　17%

どうやらトランプ大統領は、「大統領の職」について無理解のまま就任し、議会承認の必要のない側近を任命して「側近」と衝突、解雇あるいは辞任という展開になっているようだ。「既得権益者」攻撃で大衆の心をつかみ、自らも予想外の勝利をつかんでしまったトランプは、「議会」という「既得権益者」のフィルターが必要とされないところでは「素人政治」をそのまま遂行しているのだろう。

第45代大統領として就任したトランプ大統領は、「予測不可能」という形容詞とともに語られることが多い。それがときには強みになっている、ともいわれている。

筆者が思うに、トランプが「予測不可能」なのは、彼にはいわゆる主義や主張、信条、信念、思想あるいは哲学なるものがないからだ。これまでの常識では、これは政治家として致命的な欠陥だ。だが、アメリカ国民は、そんなトランプを大統領に選んだ。「これまでの常識」に、既得権益者たちに、裏切られ続けたと感じている国民が多かったからだろう。

主義や主張、信条、信念、思想あるいは哲学と呼ばれる何がしかの考え方があれば、何か新しい事態が起こったとき「彼ならきっとこうするだろう」と予測することができる。だが、トランプには、その種の「考え方」なるものがない。だから予測困難なのだ。

トランプには、意見の異なる相手を説得し、考え方を変えさせる能力はない。相手の弱点を本能的に探し出し、自らに有利な「取引」をすることができるだけだ。したがって多くの場合、部分最適だが、全体不適の結果となり、実行には多大な困難が伴うことになる。

アメリカ国民がいつまでトランプを支持するかは不透明だ。あるいは綻びが大きくなり過ぎ、共和党主流派に切って捨てられる事態が起こるかもしれない。その意味で、２０１８年11月の中間選挙は極めて重要だ。

自らの「再選」にとっての試金石となる中間選挙に向けて、トランプ大統領はどんな「予測不可能」なことをしでかすのだろうか。

本章では、石油産業発祥の地であり、今日もまた「シェール革命」によりエネルギー業界の先頭を走っているアメリカのエネルギー地政学を考えてみよう。

526ドル8セントの調査費

ピューリッツァー賞を受賞したダニエル・ヤーギンの名著『石油の世紀―支配者たちの興亡』(日本放送出版協会、1991年4月)の「第一部　創業者たち　第一章　石油に憑かれた男たち」は次の文章で始まっている。

「それは526ドル8セントの行方から始まった」。

ときは1854年、日本ではまだ「幕末」と呼ばれていた時代である。

「526ドル8セント」とは、弁護士ジョージ・ビセルと銀行家ジェームズ・タウンゼントが依頼した調査研究に対して、イェール大学の化学の権威、ベンジャミン・シリマン・ジュニア教授が要求した金額だった。原著執筆の1990年当時で、約6万ドルに相当する金額だとヤーギンは書いている。

19世紀半ばのアメリカでは、石油(ロックオイル)は地中から池や小川に滲み出して水面に浮かんでおり、木桶や毛布などを使った原始的な手法で採取され、おもに医薬品として販売されていた。一方、それまでの植物油や鯨油の代替品として、石炭から「コールオイル」と呼ばれる商品がランプの燃料、すなわち光源として生産・販売されていた。だが、生産量に限界があり、比較的高価であったため、富裕層にしか使えないものだった。この「コールオイル(石炭油)」の代わりに「ロックオイル(石油)」が使えないか、「ロックオイル」を事業として成り立つ規模で採取して、ランプの光源として売り出すことができないものだろうかと、ビセルたちは考えたのだ。さらに、父親もアメリカ化学協会の創立者であり、息子のシリマン・ジュニア自身も当代きっての著名な化学者だったので、「シリマン教授のお墨付き」が得られれば、今後のプロジェクト資金調達に大いに役立つと、ビセルたちは見込んでいたのだった。

シリマン教授の調査結果はビセルたちを喜ばせるものだった。石油を蒸留すれば光源として使える商品を生産できる、「これは予想以上の成功だ」と教授は結論づけた。そして調査費として526ドル8セントを要求した。だが、この金額はビセルたちの想定を遥かに超えたもので、すぐには払える手元資金がなかった。すると教授は怒り、分割払いとして100ドルをまず支払え、さもなければ調査報告書は渡さない、と主張した。

ヤーギンは、この調査研究費526ドル8セントに関するエピソードからアメリカ石油産業の歴史を書き始めている。

このようにしてビセルやタウンゼントたちが集めた資金で、商業規模での石油生産を目指す動きが始まった。失業中の元車掌のドレーク「大佐」をペンシルベニア西部の片田舎、タイタスビルに送り込み、1年半ほどのちの1859年8月末、とうとう機械を利用しての掘削に成功し、史上初の商業生産を開始したことは多くの皆さんがご存知のとおりだ。そして、これがヤーギンのいう「石油の世紀」の始まりだった。

ドレークが岩塩掘削の方法を模して行った機械掘りに成功したところ、ヨーロッパのルーマニアあたりや、カナダのオンタリオ州でも石油生産が開始されていたとの記録もある。だが、その後の展開はタイタスビルの熱狂には及ばず、今では忘れ去れたままになっている。石油産業発祥の地という栄冠は、ペンシルベニア州タイタスビルに燦然と輝いているのである。

灯油からガソリンへ

石油開発は灯油生産を目指すところから始まった。1859年のドレーク「大佐」による商業生産開始から約50年間は、光源用としての灯油こそが石油生産の原動力だった。

エジソンによる白熱電球の開発により、灯油の地位は徐々に脅かされていったが、電球が普及し、光源としての王座を奪うには時間が必要だった。白熱電球のフィラメントの改善に始まり、発電所や送電線網、変電所、家庭への配電、電球の量産化など、現代では当たり前のこれらインフラが整うまでには、弛まざる技術革新の積み重ねが要求されたのである。

光源としての地位を電球にとって代わられるころ、自動車の時代がやってきた。内燃機関、すなわち自動車用エンジンの開発・改良は、19世紀にドイツのゴットリープ・ダイムラー、カール・ベンツおよびルドルフ・ディーゼルなどの手になるものだが、20世紀に入って、アメリカでT型フォードが流れ作業で量産化されるようになり、富裕層のものだった自動車が普通の人でも手が届くものに大衆化した。

灯油と潤滑油が主要商品だった原油からの派生品の中で、発火点が低く、すぐに爆発する危険物資だったガソリン留分が、自動車の大衆化により高付加価値商品に昇格したのだ。

石油産業発祥の地であるアメリカには、自動車が普及するために必要な石油はふんだんにあった。

「石油の世紀」はアメリカで始まった

アメリカは、世紀が変わる１９００年前後の４年間、現在のアゼルバイジャンを抱えたロシアに首位の座を明け渡しているが、19世紀半ばから第二次世界大戦が終了するまでの約90年間、世界全体のほぼ60％以上の生産を継続していた。当然のことながら地質研究においても掘削技術に関しても、さらには原油から石油製品を製造する精製技術でも、アメリカが世界をリードして戦後を迎えたのである。

ちなみに世界全体（括弧内はアメリカ）の石油生産量は、ドレーク「大佐」の商業生産開始から約10年後の１８７０年で約1万６０００（1万４０００）バレル／日（ＢＤ）、ロシアに首位の座を明け渡した１９００年で約40万９０００（17万４０００）ＢＤ、ちなみにロシアは20万８０００ＢＤ、第一次世界大戦開始の１９１４年には１１１万７０００（72万８０００）ＢＤ、第二次世界大戦が終了した１９４５年で７１０万９０００（４６９万５０００）ＢＤと急激に増加していた（『日本産業発達史Ⅱ　石油』）。

現在でもアメリカの石油生産量は、世界全体の約13％の１２３５万ＢＤ、石油消費量も約20％、１９６３万ＢＤでともに世界一である（BP Statistical Review of World Energy June 2017、以下、「ＢＰ統計集２０１７年」）。

「石油の世紀」はアメリカに始まり、現在もまたシェール革命に象徴されるように、エネルギーの世界においてはアメリカが燦然と輝いているのである。

「ワイルドキャッター」とは

石油開発の世界ではよく「ワイルドキャッター（wildcatter）」という言葉を目にする。「ワイルドキャット（wildcat）」には「山猫」の意味もあるが、探鉱作業として掘削する「試掘井」の意味もある。「ワイルドキャッター」とは、当たるか当たらぬかまったくわからない「ワイルドキャット（試掘井）」を掘削する人々、という意味だ。

だが、非英語圏育ちの筆者には、「ワイルドキャッター」から「山猫」のイメージを拭いさることができない。

ドレークが成功したとの報が伝わると、一攫千金を夢見る人々が、のちにオイルシティと名前を変えるタイタスビルとその近隣、その名も「オイルクリーク（油の小川）」と呼ばれる周辺にどっと押し寄せた。

そのさまは、ダニエル・ヤーギンの『石油の世紀』によれば次のとおりだ。

「ゴールド・ラッシュと同じ騒ぎが起きた」。

「タイタスビルは、『一発勝負にかける余所者の溜まり場になった』とひとりの作家が1860年に書き残している。『彼らは権利と分け前を取引し、土地を売買し、井戸の深さと形、生産物の情報を交換している。何人かが今日ここを去り、行く先々で一日50バレル生産する井戸の話を広める。すると、この話を聞いた何倍もの人間が次の日は押しかける。（中略）蜜蜂の巣箱でもこれほど騒々しくはない』」。

ドレークと同じ僥倖を自らも得たいと、一攫千金を夢見る多くの人々がタイタスビル周辺の山中を歩き回った。人より早く地表に滲み出た石油の兆候を見つけ、持ち主からその土地を買うか、あるいは「リース」と呼ばれる権利を借りるためだ。「リース」とは、「捕獲の原則」が今も生きているアメリカに特殊な制度で、地下資源もその土地の所有者に所有権がある、という考え方に基づいている。つまり、その土地の所有者から、掘削して石油を発見し、生産する権利を借り受けるものなのだ。

そもそも「捕獲の原則」とはイギリスの慣習法で、A公爵の敷地内の森に住む鳥が隣のB伯爵の敷地内に飛んで行き、捕らえられた場合、B伯爵に所有権を認める、という考え方だ。イギリスでは、すでに放棄されている考え方だが、アメリカとカナダだけに残っている。

地下資源も鳥と同じようにみなすこの考え方は、世界中のほとんどの国が地下の天然資源は国家のものと定めているなかで、アメリカとカナダだけに例外的に残っているものである。「捕獲の原則」が残るアメリカの大地を、身なり風体を構わず、鼻先に泥がついていても着ているものが木枝に切り裂かれても気にせず、ひたすら獲物を求めて歩き回る彼らのさまはまさに「野生の猫＝ワイルドキャット」に見える。彼らこそが「ワイルドキャット」、いや「ワイルドキャッター」だったのである。

もう少し上手にやれる

このような「ワイルドキャッター」は現在でも存在している。わずかな手元資金で、自らの才覚のみを頼りに、独立独歩、石油開発事業を始める人々である。

「千本」掘って、当たるのはせいぜい「三本」ということから、「千三つ」と揶揄される石油開発はリスクの極めて高い事業だ。

もちろん時代の推移とともに、地下の石油・天然ガスの賦存状態に関する知識も、掘削する技術も格段の進歩を遂げているため、丁半博打の要素は減少している。だが、それでも「千三つ」が「百三つ」あるいは運がよくても「十三つ」というように、失敗する確率のほうが高いことは今も変わりがない。

筆者が石油開発会社で事業部長をしていたころ、何人かそのような人に遭遇したことがある。典型的な例が弁護士上がりの、40歳ほどのあるアメリカのビジネスマンだった。経緯は忘れたが、アメリカ国内のある案件を持って接触してきた。一緒に取り組まないか、というのである。

彼の話は次のようなものだった。

長い間、某石油開発会社で法務の仕事をしていた。そこで石油開発事業のイロハを学び、自分ならもう少し上手にやれると確信した。それは、ほとんどの業務を外部委託し、必要な固定費を徹底的に引き下げるやり方だ。

独立して立ち上げた彼の会社には、創業者兼社長である彼と、経理財務を取り仕切る最高財務責任者（ＣＦＯ）と、「リース」契約の専門家である「ランドマン」と呼ばれるスタッフと、あとは秘書が２人だけ、総勢５人しかいない。

まず、ランドマンが業界仲間から得た情報に基づき目ぼしいと思われる鉱区を、外部の地質専門サービス会社と契約を結んで評価をしてもらう。有望だとの評価結果が得られれば「リース」する。掘削作業は、必要な人材および資機材を手配できるサービス会社と契約を結んで行う。掘削に成功して開発、生産に移行する場合には、それぞれ必要な外部のサービス会社と契約して作業をさせる。

このような経営手法で臨めば、必要な固定費を最小限にできる。最大の課題は、有望な鉱区の「リース」を確保できるかどうかだ。すでにこのやり方で複数の生産案件を手にしている。

ところで最近、極めて有望な「鉱区」を見つけた。「リース」契約を結んで取り組みたい。ただ、事業規模が自分たちの能力を上回るので、リスク&プロフィットをシェアするパートナーがほしいのだ、と。

このアプローチは丁寧にお断りした。事業に対する基本姿勢がまったく異なるからだ。

筆者が所属していた石油開発会社は、経営方針として知見や知識、経験の積み重ねを重視するやり方を貫いていた。技術に関するノウハウをすべて外部に委託するやり方は採用していなかった。

極悪非道の「スタンダード」解体のあとに

ここで『ワイルドキャッターズ―テキサスの独立系石油業者たち（“Wildcatters～Texas Independent Oilmen”、Roger M. Olien & Diana Davids、Hinton, 1984、未翻訳）から「ワイルドキャッター」たちの様相を少々紹介しておきたい。ロックフェラーによる独占時代が終了し、再び激動の時期を迎えた1920年代の話である。

理解を深めるために、当時のアメリカの石油産業の推移を簡単に振り返っておこう。

アメリカの石油産業は、1911年に独占禁止法に基づき巨人「スタンダード・オイル（以下「スタンダード」）が解体されたあと、大きな変貌を遂げた。

「スタンダード」とは、1870年にジョン・D・ロックフェラーが始めた精製販売会社で、その後、「上流」と呼ばれる石油開発部門にも進出し、一貫操業を行う会社群に成長した企業である。石油産業の黎明期には、「千三つ」と揶揄される石油開発ではなく、光源としての灯油を製造し、販売することに商機があるとみなされていた。ロックフェラーは、いわゆる「下流部門」から石油産業に進出し、「上流部門」と呼ばれる「千三つ」の石油開発がもたらす価格の乱高下に立ち向かい、のちに上流部門にも進出し、石油産業の独占体制を築いていった男である。

また「トラスト」と呼ばれるホールディング会社方式を採用し、数州にまたがる総合経営を実行していた。

敬虔なバプティスト信者だったロックフェラーは、自分は神の教えに従い、良いことをしていると確信していた。「スタンダード」こそが「石油事業の救世主であり、石油事業を恥ずべき投機事業から立派な事業に変えたと信じていたのだ（『タイタン　ロックフェラー帝国を創った男』ロン・チャーナウ、日経BP社、2000年）。

だが、本人の認識と異なり、彼のやった事業拡大策は「極悪非道」そのものだとして、アイダ・ターベルの『スタンダード石油の歴史』（1904年、“The History of the Standard Oil

Company, Briefer Version by David M. Chalmers", 2003、未翻訳）によって世に暴かれた。この書が「スタンダード」の解体を強力に後押ししたのは間違いない。

『石油の世紀』によれば、解体当時の「スタンダード」は、「ペンシルベニア、オハイオそしてインディアナで生産された石油の５分の４以上を運送し、アメリカで生産された原油の４分の３を精製し、タンクローリーの半分以上を所有し」、「また、国内の灯油の５分の４以上を販売し、外国へ輸出される灯油の５分の４以上をスタンダード石油が扱っていた。鉄道会社へは機関車用の潤滑油の10分の９以上を売っていた」のである。

前述したように、当初、ロックフェラーは、石油の探鉱・生産事業は「投機事業」とみなしていたため進出が遅れていた。１９１１年の「解体」当時の原油生産量は、「スタンダード」の主要地域であった「ペンシルベニア、オハイオ、そしてインデイアナ」でも約４分の１であったことが『ニュージャージー・スタンダード石油会社の史的研究』（伊藤孝、北海道大学図書刊行会、２００４年４月）には記されている。ちなみにアメリカ全体でみても総生産量60万３０００ＢＤの約13・８％、８万３２００ＢＤを占めているだけである。

アメリカの石油産業は、ドレークの商業生産開始から「スタンダード」の解体までがひとつの時代だった。灯油こそが石油だった時代であり、産業として勃興し、ブームと暴落とを繰り返しながら、「スタンダード」が価格の安定を目指して独占体制を築いていった時代である。

「スタンダード」の解体のころから、石油は自動車用ガソリンに代表されるように輸送用燃料として新たな地位を築いていった。第一次世界大戦が石油の戦略物資としての重要性を世界中に認

表１　世界全体とアメリカの原油生産量の推移
単位：日量1000バレル（1000BD）

年	世界全体	アメリカ（比率％）
1860	1.4	1.4(98.2)
1870	16	14(90.7)
1880	82	72(87.6)
1890	210	126(59.8)
1900	409	174(42.7)
1910	898	574(63.9)
1920	1887	1213(64.3)

出所：『現代日本産業発達史Ⅱ　石油』所載「系統表」より筆者作成

識せしめたことに象徴されるように、時代が大きく変わったのである。

一方で１９２０年までの数十年間、国内の石油開発も、ペンシルベニアの山中からオクラホマへ、テキサスへ、さらにはカリフォルニアへと西進を続け、生産量も増加し続けていた。

数字で示すと、世界全体とアメリカの原油生産量は次の推移を辿っている（表１）。

さて、このような石油産業の拡大を支えたのは「スタンダード」と、その子孫たちだけではない。

解体を余儀なくされた「スタンダード」は、資産のほぼ半分を引き継いだ「ニュージャージー・スタンダード（のちのエクソン）」、９％を引き継いだ「ニューヨーク・スタンダード（のちのモービル）」、さらには「カリフォルニア・スタンダード（のちのシェブロン）」、「オハイオ・スタンダード（のちに「ＢＰ」に吸収合併された「ソハイオ」）」、「インディアナ・スタンダード（「ソハイオ」同様、のちに「ＢＰ」に吸収合併された「アモコ」）」などに分割された。彼ら「スタンダード」の子孫たちがアメリカの石油業界で強力な地位を保持し続けたのだが、一方で、のちにセブンシスターズに名を連ねる「ガルフ」や「テキサコ」（ともにテキサス州で発展、のちに「シェブロン」に吸収合併された）などの「インディペンデント」と呼ばれる石油会社も数多く誕生しているのだ。

「ワイルドキャッター」はシリコンバレーの「スタートアップ」

前述した『ワイルドキャッターズ』によれば、インディペンデントとは「スタンダード」からのインディペンデント（自立）を意味した。「解体前の、『トラスト』としてアメリカ石油産業を牛耳っていたスタンダード石油の一部をなしたことがない」、「ワイルドキャッター、メイル・オーダー・プロモーター、リース・ブローカー、生産者、零細坑井操業者、ロイヤルティ保持者、精製業者、小売業者、さらには外国でも生産をしている石油会社からシェアオフィスで仕事をしている一匹狼までを含む」とされている。

だが、この中で、最も典型的なのは「掘削プロモーター」と称される人々であろう。彼らは、掘削リグを所有し、「リース」と呼ばれる「鉱区権」を持ち、税制上のメリットを活かして一攫千金を狙う投資家から資金を調達し、坑井を掘削し、成功すれば生産されたものを管理（manage）している。19世紀半ばのペンシルベニアから20世紀前半のテキサスに至るまで、多くの「独立系」石油会社として名をなした人々は、この掘削プロモーターから出発している。

彼らの特性について『ワイルドキャッターズ』は次のように記している。

・大手石油会社のように一貫操業ではなく、探鉱・生産に特化している。
・経営組織が粗雑で、ある狭い地域に特化している。
・創業者が経営者となっており、ほとんどすべての重要な意思決定を独占している。
・技術や法務などの専門職には部分的に権限委譲をしているが、重要決定は一切任せない。

この「特性」とは、現代のシリコンバレーの「スタートアップ」と呼ばれる起業家たちそのものではないだろうか？

何度失敗しても、失敗から新たなことを学び、さらにやりたいとことにチャレンジし続ける姿。もちろん最初は極めて限定的な、狭い範囲のことでしかないが、成功を求めてハードワークを続ける若者たち。その若者たちに投資し続けるエンジェル投資家の存在。

現代のシリコンバレーの起業家たちは、アメリカに脈々として受け継がれる「ワイルドキャッター」の心意気を持った人びとなのだ。

石油がもたらしたアメリカの繁栄

アメリカの今日は、石油の存在を抜きには語れない。

ヨーロッパという旧大陸のしがらみを逃れて新大陸に渡った清教徒たちに始まるアメリカの歴史は、二度の世界大戦で大きく変貌した。

第一次世界大戦時にはヨーロッパへの石油や食料などの供給地としてスタートし、米国籍の商用船がドイツのUボートに撃沈され続けたことから参戦し、戦後には旧大陸の大国たちと肩を並べる地位を確保した。

第二次世界大戦ではヨーロッパで連合軍の一員となり、太平洋では戦いをリードし、戦後のパックスアメリカーナを実現した。

この二度の大戦は、戦略物資としての石油の重要性を名実ともに明らかにし、また、いくつかの技術革新をもたらしたのだった。

戦争とは、最大の消費活動だ。

戦争は、何の再生産ももたらさない。経済的価値を生まない。資源を、物資を、人命を、使い尽くすだけだ。

誤解を恐れずあえていえば、戦争とは〝壮大なお役所仕事〟である。

使った費用、投入した時間で得られる結果・効果は、数量的に把握することは容易ではない。のちに政治的に、よかったかどうかの判断をするしかない。「勝てば官軍」といわれる所以である。

だから、逆にいえば、経済合理性では許容されないことも実行できるといえる。

第一次世界大戦について、ダニエル・ヤーギンは『石油の世紀』で次のように書いている。

「短い戦争のはずだった。数週間、長くても2、3カ月で終わるはずだった。ところが、膠着し、ずるずると長引いた。19世紀後半から20世紀初頭にかけての発明品がすべて戦争につぎ込まれた」。

戦争につぎ込まれた発明品

戦争につぎ込まれた発明品はたくさんある。

そのひとつが自動車だ。

自動車は、1769年に蒸気自動車が、1873年に電気自動車が発明されているが、今日の普及につながるのは1885年のダイムラーおよびベンツによる内燃機関を利用したガソリン自動車の実用化だろう。これらの発明が世界を一変させたといえる。1908年には石油大国のアメリカでフォードT型自動車が大量生産されるようになり、1914年に始まった第一次世界大戦ではまず、フランス軍が「タクシー部隊」を組織して、それまで鉄道と終点駅から先は馬に頼っていた兵員輸送に役立て、パリ陥落を免れたことが特筆される。

ヤーギンが書いているように、短期戦で終わると思われた戦争だが、思いのほか長期戦と化してしまった。ドイツ軍と連合軍は、西部戦線で長い塹壕を挟む睨み合いを余儀なくされた。

そこで研究されたのが塹壕戦突破のための新兵器だった。

イギリス陸軍のスウィントン大佐が「内燃機関を動力源とし、軌道上を動く自動車、それは機関銃や鉄条網さえものとしない」装甲車両を思いつき、チャーチル海軍相の協力を得て実用化に成功し、1916年に初めて使用された。改良した暗号名〝タンク（戦車）〟は1917年、1918年と大活躍し、ついにドイツ軍を降伏に導いたのだった。

もうひとつが、1903年にライト兄弟が初めて有人動力飛行に成功した航空機だ。航空機の発達には、自動車業界の内燃エンジンの技術開発が大きく寄与している。

戦争初期は専ら偵察機として利用され、すぐにパイロット同士がピストルを打ち合うようになり、ピストルが機関銃に変わって戦闘機が誕生した。また、飛行機から爆弾を落とす爆撃機にも変身した。

こうして戦争の内実は大きく変化した。

輸送燃料の王者、石油

これらの自動車や戦車、飛行機はすべて石油を燃料としていた。また石油は、ほぼ同時期に石炭から船舶用燃料の地位も奪っていた。

石油なくして戦争を遂行することはできなかった。だから1917年12月、フランスのクレマンソー首相は、アメリカのウィルソン大統領に支援を求める書簡を送り、「石油の一滴は血の一滴」という有名な言葉を生んだのだった。

第二次世界大戦は、すでに石油の重要性が認識されているところから始まった。

ドイツは石炭を原料とする人造石油製造を進め、油田を抱えるルーマニアを手中に収め、さらにコーカサスを越え大産油地バクーに侵攻せんとしていた。

日本陸軍はノモンハンでの敗戦で石油の重要性を初めて認識した。それまで海軍のみが研究していた石油問題について、陸軍は遅まきながら取り組み始めた。

当時の日本の石油政策全般については、拙著『日本軍はなぜ満洲大油田を発見できなかったか』（文春新書、2016年1月）に詳述したとおりだが、中国戦線が泥沼にのめり込んでいる渦中、石油を求め、現在のインドネシアに当たるオランダ領東インドへの南進を企図したためアメリカによる石油全面禁輸を招き、開戦へと追い込まれたのだった。

ここに至るまで日本は、石炭を原料とする人造石油製造を試みるもドイツの技術を完全には入手し得ず、満洲での石油探鉱もアメリカの先進技術を排除したことから日の目を見ず、また第一次世界大戦終了時のシベリア撤兵の対価であったはずの北樺太の石油も、最初から巧妙なソ連の交渉技術の前に意図した成果を得られずに終わってしまったのだった。

戦争がもたらした技術革新

戦争がもたらしたもののひとつとして、航空用ガソリンの品質改良が進んだことも特筆されるべきであろう。

緒戦こそ「ゼロ戦」を誇る日本軍が優勢だったが、アメリカ軍が高オクタン価の航空ガソリンを製造、使用するようになると、日本軍は空中戦の主導権を完全に失った。

徴用され、シンガポールの南方燃料廠南方燃料局に勤務していた「日本石油」の石油技術者・山内肇は、昭和20（１９４５）年1月に爆撃を受けたインドネシア・パレンバン製油所に落下した米軍爆撃機がオクタン価１０５のガソリンを使用していた事実を知って、彼我の技術力の差に歴然とした、と伝えている（『一石油人の想い出』、石油文化社、１９８３年）。当時、日本軍ではスピードを要求される戦闘機にようやくオクタン価１００のガソリンを使用していたのだが、アメリカ軍はスピードを要求されない爆撃機にすらオクタン価１０５のガソリンを使っていたのだ。

　このガソリン製造技術の進化は、戦後石油化学の勃興を導いたのだった。

「見えない」から、気がつかない

　石油はいつかなくなる、長い間そう信じられていた。

　この世に存在するものは、いつかはなくなる。これは紛れもない真実だからだ。

　だが、問題は、なくなるまでにどのくらいの時間がかかるか、ということだ。また、この世にどれだけあるのかがわからなければ、なくなるまでどのくらい時間がかかるかということはわからない。

　我らが足元の下、地球上の広大な大地の下に、石油はどれだけあるのだろうか。

　これが昔からの疑問だった。

　そして、今も正確にはわからないままだ。

　宇宙船「アポロ11号」のアームストロング船長が人類として初めて月面着陸してから、すでにほぼ半世紀が経つ。

　当時、テレビ放送で聴いた、月に着陸したアームストロング船長が発した「ひとりの人間にとっては小さな一歩だが、人類にとっては大きな飛躍だ」という名言に、筆者も何とも言えぬ感動を覚えたものだった。

　このように、我々人類は、半世紀も前から38万キロ以上も離れた月に人間を送り込める技術を持っている。だが、足元数キロ下に石油があるかどうかわからない。なぜだ。

それは、おそらく「見えない」からだ。

「見えない」と、たった数メートル離れていても、そこに「ある」ことに気がつくことはできない。

ギリシャ移民の子、ジョージ・ミッチェル

人類は「見えない」ところにあるはずの石油を求めて、過去100年以上奮闘を続けてきた。

そのひとりに、ギリシャ移民の息子、ジョージ・ミッチェルがいる。

ジョージはまた、典型的な「ワイルドキャッター」だった。

ここでは、彼が妻とともに創設した慈善財団"Cynthia and George Mitchel Foundation"の資料や『How Mitchell Energy & Development Corp. got its start and how it grew (Joseph W. Kutchin, Universal Publishers, 2001、未翻訳)』などによりながら、彼の生涯を少々辿ってみよう。

ジョージは1919年5月21日、祖国ギリシャでは一切学校教育を受けたことのない羊飼いの移民の4人の子供の3番目として、テキサス州の港町ガルベストンで生まれた。父サバース・クリストス・パレスケポポーラスは1901年に到着後、アメリカ人らしいマイク・ミッチェルという名前に変え、クリーニング屋として生計を立てていた。1932年、ジョージが13歳のときに母カティーナは、最後まで英語を身につけることなく生涯を終えたが、子供たちには教育の重

要性を教え込んでいた。

ジョージは苦学して「テキサスA&M大学」に学んだ。寮の食堂のウエイターやキャンディ売り、あるいは本棚を製造して売ったりして資金を稼ぎながら学業を続けた。地質学と石油工学を専攻したジョージは、1940年にクラストップの成績で卒業し、大手石油会社「アモコ」に入社した。「アモコ」は「スタンダード」の一部である「インディアナ・スタンダード」の血を引く名門石油会社だった。

入社後、テキサス州東部およびルイジアナ州の油田地帯で働いていたが、第二次世界大戦が拡大するなか、陸軍工兵司令部に入隊し、終戦まで従事した。

陸軍工兵司令部時代の1943年、24歳のミッチェル大尉は列車の中で知り合った3歳年下でニューヨーク生まれのシンシア・ウッズと結婚した。1945年に長男を授かったジョージとシンシアは、のちに10人の子供と23人の孫、数え切れないほど多くの曾孫たちに恵まれた。

終戦後、除隊したジョージはすでに独立していた兄ジョニーに習い、ヒューストンに移って地質と石油工学のコンサルタントとして働き始めた。わずかだが開発案件の利権も手に入れた。

1947年、兄のジョニーと「ワイルドキャッター」だったマーリン・クリスティと「オイル・ドリリング」という会社を興し、本格的に石油事業を始めた。ジョージが技術的な部分を担当し、ジョニーとマーリンが取引を行うという役割分担だった。これらの取引は往々にして、彼らが最上階を借りて事務所としていたドラッグストアのカウンターでランチをとりながら行われた。

こうしてジョージは「ワイルドキャッター」として石油事業にのめり込んでいった。

「ワイルドキャッターたちの墓場」で大成功

ジョージの最初の大成功は1952年にやってきた。

すでに地道な成功の積み重ねで投資家の信頼を集めていたジョージたちは、テキサス州フォートワースの北、当時「ワイルドキャッターの墓場」と呼ばれていた地域で大きなリース（鉱区権）を手に入れた。他の人たちにはわからない、地質的な何かをジョージは見い出し、13本連続で探鉱に成功したのだった。

さらに順調に成功を積み重ねていったミッチェル兄弟は、1962年にマーリンから「オイル・ドリリング」の持分を買い取り、社名を「ミッチェル・アンド・ミッチェル・オイル・アンド・ガス」と変更し、業容を拡大していった。

1972年には「ミッチェル・エナジー・アンド・デベロップメント」としてアメリカの株式市場に上場を果たした。53歳になっていたジョージは60％を保有していた。同社はのちに、ニューヨーク株式市場に鞍替えした。

そして1973年の第一次オイルショックと1979年の第二次オイルショックを迎えたのである。

シェールガスの経済的生産手法確立へ

二度のオイルショックは、「石油の世紀」の主役であるアメリカにとってもエネルギー供給の重要性を再認識する大きな出来事だった。エネルギー政策として保有埋蔵量拡充のために国内の資源開発を進めることに加え、将来のために保全することも織り込まれるようになった。原油輸出が「原則禁止」となったのも、このころである。

カーター大統領は１９８０年に超過利潤税法を発布し、第二次オイルショックによる原油価格高騰で、空前の利益をあげた石油会社から利益の一部を税金として徴収した。一方で、保有埋蔵量増加を目指し、非在来型の石油開発を奨励、試掘作業には税額控除を与える条項も付け加えた。また、国家機関が行った地質調査結果も一般に公開し、非在来型の石油、天然ガス開発への挑戦を後押ししたのだった。

天然ガスと、付随して生産される天然ガス液（ＮＧＬ：Natural Gas Liquid、高温高圧の地下ではガスだが、常温常圧の地上では液体となる溜分）の生産・販売により「ミッチェル・エナジー・デベロップメント」を成功した石油会社に仕立て上げたジョージは、保有している鉱区（リース）内の天然ガス埋蔵量が減少していくことに頭を悩ましていた。販売契約を維持するためにも何か対策を打ち出さなければならない。

１９８２年、政府機関が発表した地質報告書を読んだジョージは、自らが保有する鉱区（リース）にも大量の石油、ガスが深部の頁岩（シェール）層に賦存していることを知った。シェール層の開発は非在来型なので、政府が認めている特別税額控除制度を利用することもできる。

ジョージは、シェール層からの天然ガスの経済的生産手法確立を目指すことにした。

頁岩（シェール）という、フィルムのように硬い岩石層に石油やガスが賦存していることは、大昔から知られていた。例えば、1821年にニューヨーク州フレドニアで短期間、天然ガスが生産されたことがあるが、それは頁岩層から何かの原因で漏れ出していたものだった。

頁岩（シェール）は、深部に横たわる石油ガスを生成する根源岩（ソース・ロック）であり、あまりに硬いため、そこから他所へ移動していくことなく、そこに存在しているので、貯留岩（レザーブ・ロック）でもある。ただ、移動・集積していないため容積あたりの賦存量が少ない、つまり密度が低いのが特徴だった。そのため生産コストが高いのが難点で、存在は知られてはいたが、経済的には生産できないものと思われていたのだ。

ちなみに石油とガスとでは物性が違う。簡単にいえば、ガスのほうが石油より軽い。したがって緻密な岩石層の中を移動する能力も、ガスのほうが石油より圧倒的に高いのだ。

この物性の違いから在来型の生産においても一般的に地中から回収できる比率は、石油は20〜40％でしかないが、ガスは70〜80％なのが実態だ。当然、単位当たりの生産コストはガスのほうが石油より安い。

ジョージの執念

ジョージは、自らが保有している鉱区（リース）内のシェール層から天然ガスを経済的に生産できないだろうか、と考えた。もしできるのであれば、自らの鉱区（リース）のみならず、全米中のシェール層から経済的生産が可能となり、アメリカのエネルギー供給に多大の貢献ができる。すでに還暦を過ぎていたジョージは、シェール層からの天然ガスの経済的生産方法を見つけるべく全力を傾けた。

用いる技法は１９４０年代から使用されている「水圧破砕法」だ。地層内に高圧で水を送り込み、人工的に割れ目を作って、その割れ目に沿ってガスを集める方法だ。課題は、できた割れ目がすぐに閉じないようにすることだった。すぐに閉じてしまうと、経済性を維持できるだけの量を集める前に生産が止まってしまうからだ。

これまでの常識を打ち破るべくジョージは技術陣の尻を叩き続けた。「ミッチェル・エナジー」の技術陣は種々さまざまな液体を試してみた。だが、なかなかうまくいかなかった。それでもジョージはあきらめなかった。

それまでの業界常識では、水圧破砕に適しているのは粘度の高い液体だった。高い粘度が一度裂けた割れ目を閉じないようにする役割を果たすと考えられていたのだ。

ミッチェル・エナジーの技術陣は、いろいろな種類のゼリー状のものを使用してみたが、思うような結果が出ない。高価なゼリー状の液体と水の、さまざまな比率の組み合せも試してみた。うまくいかない。技術陣が記録として残した「カクテルリスト」は長くなった。考えられるものはほとんど試してみた。ついには技術陣の中から「こうなったら馬糞でも試してみるか」という声が出るほどだった。

政府の税額特別控除も１９８０年代後半、逆オイルショックのあとに廃止された。多くの石油会社がすでにシェールガス生産の試行錯誤から手を引いていた。株主からも「資金の無駄使いでは?」との疑問の声も出始めた。だが、ジョージはあきらめなかった。

手がけてから10数年たった1997年、ついに最後まで残っていた大手石油会社「デボン」も手を引いた。追い続けているのはジョージの会社だけになった。

そして1998年、ついに成功したのだ。適合した液体とは、それまでの業界常識に反し、水を主体とした特殊なケミカルと砂粒との混合体だったのだ。

ジョージは79歳になっていた。

ジョージの会社のガス生産量が増加していることに目をつけた「デボン」から話を持ちかけられ、2003年、ジョージは会社を35億ドルで売却し、「デボン」の株主になった。

「シェール革命」は「シェールガス革命」から

こうしてシェール革命は始まった。

今でこそ「シェール革命」と呼んでいるが、前述したとおり当初は「天然ガス」の経済的生産を目指して始まったものであり、「シェールガス革命」と呼ばれていた。

それが「オイル」の生産にも適用され、次のような経緯を経て「シェール革命」と呼ばれるようになった。

2000年代半ばからの石油価格の上昇が、シェール層からのオイル生産にも目を向けさせた。すでに述べたように、物性の違いからガスよりオイルのほうが生産するのが難しく、また生産コストも高い。だが、石油価格が50ドル、さらに60ドルへと上昇すると、高コストのオイルの生産でも採算が取れる見通しが見えてきたので、多くの石油会社がシェールオイルの生産に取り組み始めた。

また、シェール層に多量のオイルやガスが賦存していることは確実なので、地下に埋蔵量があるかどうかのリスクはほぼないとみなされた。いわゆる「千三つ」の世界ではない、と認識されたのだ。これはギャンブルではない。折からの金融緩和で投資先を求めていた金融筋は、こぞって融資を始めた。こうして財務能力の低い中小の石油ガス会社がシェールオイル、ガスの開発・生産に手を出せるようになったのだ。

さらに、在来型では数億ドルかかる掘削井1本あたりのコストも、おおよそ数百万ドルで済む。手がけてから生産し、資金を回収し始めるのも在来型とは桁違いに早い、という特色も金融手配を容易にした。

また、シェール層からの生産は寿命が短いため、生産水準を維持するためには連続して数多くの坑井を掘削する必要があった。そこで掘削方法の変化が生じ、イギリスの大手石油会社「BP」の調査部門トップのスペンサー・デールをして「多くの在来型の石油プロジェクトを特徴づける1回限りの、スケールの大きなエンジニアリングのようなプロセスというより、標準化された、反復される、製造業のプロセスのようなもの」（「New Economics of Oil」Society of Business Economists Annual Conference, 13 October 2015、未翻訳）と評されるようになったのだ。この掘削理念は在来型の掘削方法にも大きな影響を与え、低石油価格時代のコスト削減に貢献している。

まさに「革命」の名にふさわしい一大事件だった。

２００９年、アメリカ石油業界の巨人「エクソンモービル」がシェール事業に進出した。シェールガスの生産拡大により、当時アメリカで最大のガス生産会社に成長していた「XTOエナジー」を４１０億ドルで買収したのだ。

巨人が動いたことで、シェール革命は石油ガス業界に正式に「認知」されたのだ。ジョージの執念がついに実を結んだのだった。

「シェール革命の父」の言葉

ここで「シェール革命の父」と呼ばれるジョージが、拡大しつつあったシェール事業のその後の展開をどのようにみていたかというエピソードを紹介しておこう。

２０１２年８月25日、日本経済新聞とのインタビューに応えてジョージは次のように語っている。

「一部の荒くれ者のために、この国の十分な天然ガスを手に入れる機会をフイにすべきではない。問題を起こす業者には厳罰で対処すべきだ。政府と業界でルールづくりを急ぐべきだ」と。

日本経済新聞が「荒くれ者」と訳している箇所は「ワイルドキャッター」のことだろう。自らが一介の「ワイルドキャッター」から身を起こしたジョージは、失うモノのない一匹狼の「ワイルドキャッター」たちがいかに「お行儀が悪い」かということを知っていたのだ。

イノベーションのために必要な「自由」な事業環境と、一方で健全な業界発展のためのルールづくり、いつの時代もこのバランスが重要なのだろう。

トランプの「アメリカ第一エネルギー計画」なるもの

本章では、歴史を振り返りながらアメリカの石油事情を検討してきた。その結果、明らかになったのは、「石油の世紀」を切り開いてきたアメリカは、今日もまた時代の先頭を走っているということだ。では、アメリカの地政学的条件を考慮に入れ、今後も先頭を走り続けるために何をなすべきかを考えてみよう。

２０１７年1月、トランプ大統領が就任して以降、アメリカのエネルギー政策は柱となるべき基本思想のない、選挙民に耳触りのよい言葉の羅列に堕してしまった。一貫性も整合性もなく、部分最適の積み重ねが全体不適を生み出す様相を呈している。

筆者は、トランプ大統領にはいわゆる「エネルギー政策」はないと考えている。彼の「エネルギー政策」といわれるものは、中核として「エネルギー」があるのではなく、他の政策、例えば、「雇用政策」に付随して出てくるもので、いわば他の政策の周辺にぶら下がっているだけのものなのだ。

ここでトランプ大統領のエネルギー政策の骨格と評される、２０１６年12月、正式就任前にホワイトハウスのホームページに掲載された「アメリカ第一エネルギー計画（An America First Energy Plan）」をみてみよう。

要点は次のようになっている。

・エネルギーコストを引き下げ、外国石油の依存から脱却し、アメリカの資源を最大限利用する。

・（オバマ政権が定めた）例えば、気候行動計画（Climate Action Plan）や水資源管理規則（Waters of U.S. rule）のような、有害で不要な政策を破棄する。こうすることにより向こう7年間に労働者の賃金が300億ドル増加する。

・この確固たるエネルギー政策は、アメリカには未利用のエネルギー資源が膨大にあるという認識から始まっている。

・500億ドルと見込まれる未利用のシェールオイル・ガスを、特に連邦管轄地にあるものを活用する。

・エネルギー政策からの収入を、道路、学校や公共施設の再建造に使う。

・クリーン・コール技術と石炭産業を復興させる。

・石油輸出国機構（OPEC）カルテルや、我々の利害に敵対するいかなる国からもエネルギー自立を達成する。

出発点が間違っている

ここには「300億ドルの賃金増加」とか「500億ドルの未利用の石油ガス資源」とか、景気の良い話が出てくるが、すべては「アメリカには」、「資源が膨大にあるという認識」からスタートしている。この認識が間違いなのだ。出発点が間違っているので、その後の「政策」なるものがいい加減なものになっているきらいがある。

なぜ間違いなのか？

拙著『石油の「埋蔵量」は誰が決めるのか？』（文春新書、２０１４年9月）で説明したように、「ある」ということと、「現在の経済条件、技術水準で生産できる」ということは同一ではないからだ。わかりやすい事例が「シェール革命」そのものだ。

詳細は省くが、地下にあるからといって技術水準や経済条件を抜きにしては生産できるかどうかはわからないのである。

例えば、アラスカ州北の北極海には、多量の石油や天然ガスがある、といわれている。１００ドル時代に「リース」を取得したイギリス・オランダの大手国際石油会社「シェル」が掘削を試みたことがあるが、失敗だった。石油価格が下落していたこともあり、２０１５年9月「シェル」は撤退を決めた。まして や現在の60ドル水準で経済性が成り立つとは考えられず、新たに手がけようとする石油会社は出てこないだろう。

その他にも論理的に成り立たない点、あるいは整合性がとれていないものが多々ある。

例えば、「３００億ドルの賃金増加」や「５００億ドルの資源」なるものも計算根拠がまったくわからない。

また、規則を改訂し、新たに連邦管轄地を開放するという政策も、それが生産増につながる保証はまったくない。

「連邦管轄地を開放する」ということは、そこの鉱区権（リース）を入札にかけるということだ。

だが、応札する会社が出てくるためには、そのリースが地質的に有望だという判断が前提として必要になる。また、これが石油開発の特性なのだが、仮にリースを落札し、手に入れ、探鉱開発に移行しても、期待どおりの生産が得られるかどうかはまったくわからない。

またシェール狙いの陸上と異なり、海上は在来型の、時間がかかる、初期費用が巨額な大型案件となるので、前述したとおり価格が現状より大幅に上昇しなければ、応札してくる石油会社はないものと思われる。

さらに石炭が衰退しているのは、特にシェールガスに対して競争力を失っているからだ。だから石炭の復興とシェールガスの推進は両立しないものだ。

最後の「OPEC」や「利害の敵対する国」などという特定の国からの「自立」なるものは、論理的に成り立たない。総体として輸入が必要か否か、が問題なのだ。1973年の第一次オイルショックの際、アメリカやオランダは、サウジアラビアを中心とするアラブ石油輸出国機構（OAPEC）諸国から「禁輸」の措置を受けたが、量的にはイランをはじめとする他国からの輸入に代替することで何ら問題が生じなかったことが歴史的事実なのだ。

「エネルギー自立」のみならず「エネルギー支配」を⁉

トランプ大統領は、さらに2017年6月末、「長年追求してきたアメリカのエネルギー自立（American Energy Independence）のみならずアメリカのエネルギー支配（American energy dominance）を目指すこと」を政治目標として掲げたが、「エネルギー支配」とは如何にもトラ

表2　2016年のアメリカ・カナダ・メキシコの石油および天然ガスの需給バランス
単位：石油100万BD、天然ガス10億立方メートル

国名		アメリカ	カナダ	メキシコ	合計
石油	生産	12.354	4.460	2.456	19.270
	消費	19.631	2.343	1.869	23.843
	バランス	▲7.277	2.117	0.587	▲4.573
天然ガス	生産	749.2	152.0	47.2	948.4
	消費	778.6	99.7	89.5	967.8
	バランス	▲29.4	52.3	▲42.3	▲19.4

出所：「BP統計集2017」

ンプらしい、内実を伴わない「スローガン」に過ぎない。前者の「エネルギー自立」こそ、歴代の政権が掲げ続けてきたエネルギー政策であり、おそらく今もなお追求すべき目標だろう。

　前述のように、19世紀半ばの石油時代の始まりから第二次世界大戦まで、アメリカは世界の石油生産の大半を占めていた。戦後の需要増により、１９４７年に純輸入国に転じたものの、エネルギー供給は問題視されていなかった。ところが、１９６７年の第三次中東戦争を機に安定的な石油供給に不安を感じるようになり、１９６９年、ニクソン政権が「エネルギー自立（Energy Incdependence）」を政策目標として掲げたのだ。それ以来、アメリカは、共和党政権であろうと民主党政権であろうと、必要なエネルギーを自給することをエネルギー政策の中核に据えてきているのである。

　「エネルギー自立」とは、現代の日常生活や経済活動に不可欠なエネルギーを安定的に供給するために、他国の政策や諸事情によって想定外な供給途絶に見舞われることのないよう、自らの力だけでもできるようにしておくことを目指す、という政策である。なかでもアメリカにとって現実的かつ経済合理性に適

った方策が、北米自由貿易協定（ＮＡＦＴＡ）締結国であるカナダおよびメキシコを含めた３カ国全体として「自立」するというものだった。

例えば、「ＢＰ統計集２０１７」によると、２０１６年の３カ国の石油および天然ガスの需給バランスは表２のようになっている。

３カ国全体でみると、原油は15％ほど、天然ガスは２％ほどの不足である。自立までの道のりはさほど遠くはない。

ＮＡＦＴＡ維持による「エネルギー自立」の達成

ちなみに、２０１６年の３カ国間の原油・石油製品・天然ガス貿易取引は表３のようになっている。絶対量の問題とともに、品質および生産地と消費地の位置関係などを織り込んだ最適化（optimization）がなされている証左である。

日本の総消費量が石油約４００万ＢＤ、天然ガス１１１２億立方メートルであることを考えると、アメリカ・カナダ・メキシコの３カ国間で極めて大きな取引が行われていることがわかるであろう。

前述したように、トランプ大統領のエネルギー政策では「ＯＰＥＣカルテル」や「利害に敵対する国」からの「エネルギー自立」を目指すとなっており、論理的に意味をなすものではない。

一方でトランプ政権は、ＮＡＦＴＡ再交渉を唱えている。エネルギー分野においてどのような方針の下、交渉しているのかまったく見えていないが、「エネルギー自立」を目指すのであれば、

表3 アメリカ・カナダ・メキシコ間の原油・石油製品・天然ガス貿易取引(2016年)
単位:石油100万トン、括弧内1000BD、天然ガス10億立方メートル

原油	toアメリカ	toカナダ	toメキシコ
fromアメリカ	-	15.0 (301)	-
fromカナダ	162.6 (3265)	-	-
fromメキシコ	29.1 (584)	0.7 (14.0)	-

石油製品	toアメリカ	toカナダ	toメキシコ
fromアメリカ	-	27.0 (542)	34.6 (694)
fromカナダ	26.0 (522)	-	0.10 (4)
fromメキシコ	4.2 (84)	-	-

天然ガス	toアメリカ	toカナダ	toメキシコ
fromアメリカ	-	21.9	39.1
fromカナダ	82.4	-	-
fromメキシコ	-	-	-

注)アメリカからメキシコへの391億立方メートルのうち7億立方メートルは液化天然ガス(LNG:Liquefied Natural Gas)、ほかはすべてパイプライン供給
出所:「BP統計集2017」

ＮＡＦＴＡは現状維持とし、民間企業の活力に任せ、原油、石油製品および天然ガスすべての分野において、自由に貿易取引、資本取引させるのがベストだろう。

特にメキシコは原油が減産傾向に入っているため、１９３８年に国営化した石油産業を外資に開放し、技術と資金の導入を図って生産の回復を目指している。メキシコ湾においては、アメリカの石油会社に「地の利」がある。アメリカのエネルギー政策としては、この動きを後押しし、アメリカ系石油会社が進出しやすい環境をつくることが望ましいだろう。

石油や天然ガスをはじめとする鉱物資源に恵まれたアメリカは、

カナダおよびメキシコとの経済的一体性を追求し、ＮＡＦＴＡ域内での「エネルギー自立」を図ることこそ、エネルギー地政学的に最良の方策ではなかろうか。

第2章

石油価格や天然ガス価格で強気・弱気が交錯するロシア

序章で紹介した「地政学の開祖」マッキンダーによると、現在のウクライナ、ロシア南部、カザフスタンあたりが「回転軸」あるいは「ハートランド」に相当し、この地を制する者が世界全体を支配する可能性が高いという。そして鉄道の発達が鍵を握っている、と。

また、この地の特性は、大海へのアクセスを欠いていることだ。したがって、本能的に東へ、西へ、そして南へと、海への出口を求めて拡大志向を強めるのだ、ともいう。

マッキンダーの時代の常識では、北に位置する北極海は、厳しい自然環境にあり、長い冬の間、氷結するがゆえに大海に通じるとはみなされていなかった。だから、拡大志向が北に向かうことはなかった。

だが、地球温暖化の影響で、北極海を覆い尽くす氷の厚さも薄くなり、ロシア北岸から西のみならず夏季には東へ、砕氷船を使えばアジアへの航路も確保できるようになっている。北極海に面するヤマル半島から中国まで東回りのベーリング海峡ルートなら、西回りのスエズ運河経由と比べて航海日数が約半分になる。ヤマルＬＮＧプロジェクトに中国の「中国石油天然気集団公司（ＣＮＰＣ）」が参加しているのは、地球温暖化が背景にあるのだ。北もまた、拡大志向の対象となる時代がやってきたといえるかもしれない。

１９９１年にソ連が崩壊し、版図を大幅に縮小したロシアが誕生した。

ソ連末期の原油生産量は１１００万ＢＤ以上だったが、ロシアの生産量は１９９０年代を通じて年々減少し、１９９９年には６００万ＢＤ水準にまで落ち込んでしまった。プーチンがエリツィンを継いで大統領に就任した２０００年代に入って、ようやく回復基調に転じ、今では

１９７０年代後半のようにアメリカやサウジアラビアと世界一を競うまでになっている。

このように生産量は順調に回復しているが、石油価格や天然ガス価格などの動向によりロシアの外貨収入は大きく左右される。ロシアにとってエネルギー輸出は重要な外貨獲得源だ。国家財政の中核をなしている。その意味でロシアは、間違いなく産油国といえる。

本章では、ソ連時代を含め石油価格の高低により対外政策が強気になったり弱気になったりしてきたロシアが、２０１４年末からの価格下落に対しては弱気になっておらず、逆に大国としての存在感を高めている背景を、ロシアの石油産業の歴史を通して考えてみたい。

２０１８年３月、目標としていた70％以上の得票率で通算４期目の当選を果たしたプーチン大統領は、大国「ロシア」再建に向けて「エネルギー」をどのように使っていくのだろうか。

かつては世界一の石油生産国だった

一般的には知られていないが、ロシアは過去にも世界一の石油生産国だった時代がある。19世紀末から20世紀初めの、１８９８年から１９０１年までの４年間である。

例えば、１９００年のロシアの生産量は20万８０００ＢＤで、世界全体の50・８％を占め、アメリカの17万４０００ＢＤ（42・７％）より多かった。両国でほぼ世界全体の生産量を独占していたのだ。

ロシアの石油生産は、現在のアゼルバイジャンの首都バクー周辺で始まった。

「風の街」バクー

筆者が初めてバクーを訪れたのは1998年2月、勤務していたテヘランでは、ときおり雪が舞う季節だった。グループの「三井石油開発株式会社」（以下、三井石油開発）が駐在員事務所を開設し、「アゼルバイジャン国営石油」幹部や、イギリスの「BP」の現地代表などを招いて催した開所記念パーティーに出席するためだった。

ホテルにチェックインして、パーティー開始までの時間を利用して街を歩いてみようと思い立った。朝、出発したテヘランの気温は3℃だった。チェックインしたときレセプションで聞くと、その日の夕方のバクーの気温は1℃とのこと。それなら大丈夫だ、と判断して、片付けられた雪が道端に固められているホテルの前を歩き出した。だが、風が身を切るとはこのことか、と思い知らされるほどの強い、冷たい風が吹いていた。耳が千切れるかのように痛くなる。とても我慢ができない。厚着はしていたがコートを着ていなかった筆者は、街歩きを断念し、部屋に戻ったのだった。

テヘランの冬は無風。気温が3℃でも、コートなしで歩ける。だが、体感温度には風が大きく影響する。俗に風速1メートルあたり気温は1℃下がるといわれている。風速5メートルだと5℃ほど低く感じられるのだ。気温1℃は、体感温度氷点下4℃。痛いほど寒いはずだ。

バクーという地名はペルシャ語の“bad-kube”、「風の街」に由来するのだということを、身をもって教えられた経験だった。

さて、この「風の街」の周辺に、石油、天然ガスがあることは古くから知られていた。例えば、

13世紀にマルコポーロは『東方見聞録』（平凡社、1970年）に、バクー周辺に「油田があって、一気に100隻の船に積み込めるだけの豊富な湧出量を持っている。この油は食用にはならないが、燃料として重宝であり、あるいはラクダに塗布して疥癬やフケ止めに効能がある」と書き残している。今ではインドに多く在住するゾロアスター（拝火）教徒が信仰する「永遠の火の柱」があることでも知られており、筆者も足を運んだことがある。

石油開発の歴史は古く、早くも1829年には82本の手掘りの立坑があったと伝えられている。だが、産業として近代化したのは、ノーベル賞を創設したノーベル兄弟たちだった。

石油でも成功したノーベル兄弟

長じてロシアに移住したスウェーデンの発明家エマニュエル・ノーベルの次男ルドヴィッヒ、三男アルフレッドは父同様、発明家としての才を発揮して軍事産業を興し、成功していた。特にアルフレッドはダイナマイトを発明し、巨額の資産を築き上げたことで知られている。

後世「死の商人」と伝えられることを危惧したアルフレッドは、遺産を活用する基金を設け、毎年運用して得られる利息で前年に人類の発展に貢献した人を称え、金一封とともに表彰するよう遺言を残した。こうしてノーベル賞は1901年から始まった。

このように次男、三男は才に恵まれ、事業にも成功していたが、長男のロベルトは非凡なところがなく、自らの事業に失敗したあと、ペテルブルグの次男ルドヴィッヒの下で働いていた。

1873年、ルドヴィッヒの指示でロベルトは、ロシア政府に納めるライフル銃の銃床用の頑丈な木材を求めてコーカサス地方にやってきた。だが、バクーに到着するや否や街に渦巻いていた石油熱に憑りつかれ、弟ルドヴィッヒには無断で、預かっていた木材購入用資金で油田権益と製油所を購入してしまった。実はこれが大成功だった。

１８７０年代のバクーでは、それまでロシア帝国政府が独占していた石油採掘権を民間に開放したため、一大石油ブームが起きていた。アメリカのドレーク井の成功（１８５９年）はバクーにも伝えられ、機械掘り技術が導入され、原油から灯油を精製するための小規模の製油所も何カ所か建設されていた。

ノーベル兄弟は、発明家として新技術に対する理解力も高く、手に入れたバクーの製油所をすぐに近代化した。効率化を図り、１８７６年10月には、照明用灯油をアメリカ産灯油の一大市場であった首都ペテルブルグ（現サンクトペテルブルグ）へ売り込むことに成功した。

だが、バクーはロシア帝国の中心から遠く離れているため、市場までの輸送が困難で、価格競争力に乏しかった。

初の石油タンカー「ゾロアスター号」

当時、バクーの製油所で製造した灯油は木製の樽（バレル）に入れて船に積み、カスピ海を北上してヴォルガ川の河口まで運んでいた。そこで川を遡れる小船に移され北上し、途中の現ヴォルゴグラートで貨車に積み替え、さらに北部へ配送されていた。輸送コストがかかるのみならず、バクー周辺では樽製造に適した木材も少なく、遠隔地から取り寄せる必要があり、樽製造コストも喘んでいた。

　発明家であり化学者でもあるルドヴィッヒは対応策を検討し、樽を大型化して船の船倉にしてしまうことを考えついた。何度も実験を繰り返し、大波などにより船倉内で灯油が船よりも早く動いてしまうバラストの問題も解決して、今日の石油タンカーの原型となる安全な石油輸送船を建造することに成功したのである。

　1878年にカスピ海を処女航海した石油タンカーは、拝火教発祥の地にふさわしく『ゾロアスター号』と名付けられた。

　このルドヴィッヒの石油タンカーは、その後、大西洋やスエズ運河航路でも大活躍することになる大発明であった。

　ノーベル兄弟は、バクーの石油産業で大成功を収め、ロシアの石油業界を牛耳るほどになった。原油を生産し、パイプラインで製油所に運んで精製し、貯蔵タンクや輸送のためのタンカー、あるいは専用鉄道、さらには卸売販売組織まで整備し、いわゆる一貫操業を実現したのである。

　ロシアの生産量は、ロベルト・ノーベルが油田権益および製油所を手に入れた直後の1874年には1600BD以下だったが、10年後には20倍になり3万BD以上に増加していた。さらに1898年には16万9000BDとなり、前述したとおり、ついにアメリカ（15万2000BD）を抜いて世界最大の産油国となったのである。

バクーの増産を支えた販路の開拓

だが、真の意味でバクーの増産を支えたのは、新たな販路の開拓であった。油田で原油を生産し、製油所で精製して灯油を製造しても、商品として売れなければ原油生産を継続できない。これは現代にも通じる冷酷な現実だ。例えば、第二次世界大戦後の１９５１年に石油産業を国有化したものの、「セブンシスターズ」と呼ばれるイギリスの「ＢＰ」をはじめとする大手国際石油会社のボイコットにあって失敗したイランのモサデク革命が好例だろう。販路の確保は、ノーベル兄弟が直面した問題でもあった。

ロシア帝国内最大の市場である首都ペテルブルグまでは３０００キロ以上も離れており、農奴が国民の大多数を占める帝国領内だけでは需要の増加は期待できなかった。さらに、同じロシア帝国内でも、バクーから西へコーカサス山脈を越え、５５０キロほど離れた大都市トビリシ（現ジョージアの首都）は、大西洋や地中海、トルコ海峡、さらには黒海を渡って１万２０００キロも遠くから運ばれてくる「スタンダード」産灯油の市場となっていた。遠く離れたアメリカ産灯油のほうが安く販売できたのだ。バクーの灯油製造業者にとって、輸送コストの低減が大きな課題だった。

また、冬にはカスピ海北部とヴォルガ川が氷結して市場へのアクセスが失われてしまうため、バクー周辺の製油所は1年のうち半年は閉鎖しなければならないという過酷な自然条件もあった。ノーベル兄弟の課題は、トビリシに加えてロシア帝国外の市場に、通年輸出できるインフラを確保することだった。そのためには、コーカサスの山を越え、黒海への輸送ルートを確立することが重要だ。

バクーで石油業を営んでいたノーベル兄弟の同業者たちも同じ課題に直面していた。ライバルであるブンゲとパラシュコフスキーという2人の企業家がロシア帝国政府から、バクーから黒海沿いのバッーミ（現ジョージアの港湾都市）までの「トランス・コーカシアン鉄道」の建設許可を取得し、工事に取り掛かった。だが、彼らは必要な資金を調達できず、フランスの大財閥「ロスチャイルド家」の支援を仰ぐことになった。当時の「ロスチャイルド家」は、数多くの政府や企業に資金を供与しており、特に鉄道事業には多くの融資を行っていた。また、アドリア海のリエカ（現クロアチアの港湾都市）に製油所を所有しており、ロシアの安い原油を手に入れることも目論んでいた。さらに融資の担保として、バクーの製油所を提供させていた。

バクーからの鉄道は1883年に完成した。「ロスチャイルド家」は石油会社を設立し、バッーミに貯蔵タンクおよび販売施設を建造した。

ノーベル兄弟はすぐにあとを追った。「ロスチャイルド家」とともにヨーロッパ市場で「スタンダード」と市場争いを演じるようになった。

一方、地中海から紅海を経てインド洋につながるスエズ運河が1869年に開通していた。

こうしてバクーの石油は、黒海のバッーミ港からスエズ運河経由、インドや中国、日本などの新市場にもつながることとなり、世界一の原油生産量となる増産を支えたのである。

初の「日の丸原油」は北樺太で

日本人が海外において、自らの力で開発・生産した原油のことを「自主開発原油」、あるいは「日の丸原油」と呼ぶ。自然環境の厳しいところで、巨額のリスクを負いながら挑む石油開発は、どこか男のロマンを刺激する。

一般的には、「アラビア太郎」と呼ばれた山下太郎が成功させた「アラビア石油」のカフジ原油が、初めての「日の丸原油」と信じられている。だが、「アラビア石油」に先立つこと34年、石油が原因で始まったとされる太平洋戦争開戦のかなり前に、今は「サハリン」と呼ぶ地で石油開発に挑み、成功した日本人たちがいた。

詳細は拙著『日本軍はなぜ満洲大油田を発見できなかったのか』（文春新書、２０１６年1月）に譲るが、石油の戦略的重要性をいち早く認識していた日本海軍の後押しで設立された「北樺太石油」が、昭和２（１９２７）年に日本として初の「日の丸原油」、オハ原油の生産を始めているのだ。残念ながら、諸般の事情により「北樺太石油」の事業は、昭和19（１９４４）年に石油利権をソ連に売り戻すことにより終了してしまった。17年という短命の事業であった。

ここで紹介するのは、北樺太利権交渉時におけるソ連側の、経験に裏打ちされ、実際に発揮した、卓越した交渉能力だ。

北樺太の石油利権は、１９１７年のロシア革命に続く混乱の最中に日本が手に入れたものだ。こういう経緯だ。

北樺太の石油利権入手

第一次世界大戦の末期、ロシアでは二度の革命でボルシェビキ政権が誕生し、レーニンが「平和についての布告」を発表、すべての交戦国に「無賠償・無併合・民族自決」の原則に基づく即時停戦を呼びかけ、連合国戦線から離脱した。だが、耳を傾ける国はどこにもなく、大戦は継続していた。ボルシェビキ政権は、反革命勢力である白軍との内戦を戦いながら、ドイツと単独で休戦し、講和交渉を開始した。

今日の中東混迷の遠因とされている「サイクス＝ピコ協定」（第3章で詳述）の存在が暴露されたのもこのときだ。

ドイツは、ロシアが離脱すれば東部戦線での戦いが不要になり、西部戦線に全力を投じることが可能となる。連合国側は、ロシア国内の白軍を助け、ボルシェビキ政権を打倒する干渉戦争を企図した。連合国寄りの新政権を樹立させ、再びロシアに東部戦線を構築させて、ドイツの兵力を東部にも向けさせせんがためである。

こうして、赤軍に包囲されたチェコ軍を救出するとの名目で、連合国側はシベリアに出兵する計画を立て、アメリカと日本に主力となるよう要請してきた。

アメリカは当初、ヨーロッパの戦争に参加することには否定的で、「中立」を宣言していた。だが、ドイツのUボートに自国の商船が撃沈され始め、ドイツが隣国メキシコに対米戦同盟を呼びかけているとの情報がもたらされたこともあり、1917年4月に参戦していた。

一方、日本は、第一次世界大戦には連合国側の一員として当初から参加していたが、ドイツが支配していた中国の青島を攻撃した以外には戦闘らしいことは何もしていなかった。遅れてきた大国である日本は、シベリア出兵を植民地獲得のチャンスとみた。欧米諸国よりは圧倒的に近いという地理的優位性もあった。さらにソ連という共産主義国家が成立することは、天皇を抱く日本の国体と相容れないため阻止するという、イデオロギー上の正当化も可能だった。

かくて1918年秋、送り込まれた連合国側の主力は日本が占めることになった。『シベリア出兵』（麻田雅文、中公新書、2016年9月）によると、1918年秋の各国の出兵数はアメリカ軍9000名、イギリス軍7000名、中国軍2000名、イタリア軍1400名、フランス軍1300名、カナダ軍少数だったが、日本は7万2400名を送り込んでいたのだ。他の6カ国合計より3倍も多い動員数だ。

だが、第一次世界大戦は急速に終焉に向かっていた。1917年4月にアメリカが参戦し、長引く戦いによりドイツ経済は疲弊、同盟国も次々と戦線離脱するなか、とうとう1918年11月、ドイツは休戦協定を締結し、4年に及ぶ戦火はやんだ。

連合国側は、シベリアに兵を送り続ける大義名分を失った。アメリカ軍などは徐々に撤兵を開始し、1920年には日本軍以外は残っていなかった。

日本軍は、当初の計画である日本海沿いの主要都市ウラジオストク駐留に留まらず、赤軍やパルチザンとの戦いを繰り返しながら、北樺太や沿海州にも進軍し、さらに南満洲鉄道からシベリア鉄道沿いに西進を続け、ついにはバイカル湖の西、イルクーツクにまで占領地を拡大した。これは陸軍の隠された野望に沿ったものだった。占領地に傀儡国家を建設することも計画していたといわれ、連合国諸国からも領土的野心を疑われるほどだった。

そうしたなか、1920年3月、ロシア極東のアムール川（黒竜江）河口の街、ニコライエフスク（尼港）が赤軍パルチザンに襲撃され、駐留していた日本軍および日本人居留民700名以上を含む、街の人口のほぼ半分に当たる6000人が虐殺される事件が起きた。「尼港事件」である。赤軍パルチザンは、対岸にあるサハリン島のアレクサンドロフスクも襲撃し、占領した。この「暴挙」にいきり立った世論にも後押しされ、日本軍は北樺太一帯に攻め込み、占領し、アレクサンドロフスクに行政当局をも設けて軍政を敷いた。

内乱が終結し、旧ロシア帝国内の全権をソビエト政府が掌握した大正14（1925）年1月、北京で日ソ基本条約が締結され、日本軍は撤兵を条件に北樺太の石油利権を合法的に入手したのだった。

交渉上手なソ連

さて、石油利権交渉で見せたソ連側のずる賢いほどに交渉上手な実例をみてみよう。

まず、日ソ基本条約で「撤兵が先」で、「撤兵から5カ月以内に石油利権契約を交渉し、締結すること」と取り決めたことだ。

ソ連側が最も望むのは、日本軍の北樺太からの撤兵だった。失われた実効統治権を回復するためには、まず占領地から撤兵してもらわなければならない。交渉上手なソ連は、石油利権契約の細目交渉を始める前に最も望むものを手に入れたのだ。したがって、石油利権契約交渉は、もし日本側が望ましくない条件を要求するならば、ぐずぐずといつまでも長引かせればよいだけだ。5カ月の交渉期間はすぐに経過する。交渉の切り札はソ連側にある。

それが証拠に、後日、初代「北樺太石油」社長に就任した中里重次・海軍中将は、大正14（1925）年夏、モスクワにおける石油利権契約交渉の交渉団長を務めたのだが、回顧録の中で「全然背後の実力を喪失し、空拳をもって戦わざるべからず羽目に陥いる」と書いている（『回顧録　其の一』、中里重次、国立国会図書館近代デジタルライブラリー、1936年10月）。撤兵してしまっているので交渉力がない、と嘆いているのだ。

さらに交渉相手から足元を見られ、ある会合の席で次のように言われた、とも書き残している。「貴国海軍はボルネオ、亜米利加等より多量の石油を購入しつつある趣なれば（中略）、石油利権は日本として絶対に獲得の必要あり。けだし世界中いずれの国よりも赤嫌いの日本が、自国を承認せんとする真意は正に人血と等しき石油を得んとするにあり。したがっていかにつらき条件にても、結局応諾すべしと観察せる」。

ソ連側に有利な石油利権契約が締結されることは、交渉開始前から決まっていたのだ。

次に日ソ基本条約には、北樺太の石油開発は日ソ平等の精神に基づき50対50で開発する、という基本理念が織り込まれていた。この基本理念を具体化する過程で、日本側はバクーでの長い開発経験を持つソ連に「してやられた」のである。

それは「鉱区設定方法」である。

理解に役立つように基本的な事項を少々おさらいしておこう。

石油開発は大きく分けて、探鉱、開発、生産の3段階に分けられる。

探鉱とは、地下に石油や天然ガスがあるかないかを探す作業で、最もリスクが高い。いわゆる「千三つ」の世界である。開発は、探鉱作業の結果、発見した石油や天然ガスを最も効率的に生産するために必要な、掘削地点の確定と実際の掘削、資機材の選定や購入手配、施設の建設など、諸々の計画策定などをいい、所要費用が最も嵩む。そして生産に移行するのである。

当時のソ連は、革命直後で経済体制構築の過程にあった。また、サハリンを含む極東地域は人口も過少で、これといった産業も存在していなかった。当然、原油を精製してガソリンや灯油などを製造する製油所もない。さらに、主要石油産業が存在するバクーやヴォルガ、ウラル地方は遠く離れているため、サハリンの石油開発に使える資機材も人材も、すぐには手配できなかったのだ。資金も不足しており、ましてや「千三つ」といわれるリスクの高い探鉱に挑む余力はまったくなかった。

石油利権契約の「鉱区設定方法」交渉においてソ連側は、まず該当鉱区の設定に時間をかけた。自分たちは、それまでほとんど探鉱を行っていなかったので、どこが有力な地域かわかっていなかったのだ。日本側は、海軍の後押しを受けて民間企業5社が大正8（1919）年に設立した「北辰会」の作業を通じて、有望と思しき地域の目途をつけていた。ソ連側は、交渉に時間をかけている背後で秘密裏に調査作業を行った。そのうえで、日本側が時間切れのリスクから焦ってくるのを楽しみながら、「そこそこ」の地域を該当鉱区とすることで合意したのだった。

問題はこれで終わらない。

後出しジャンケンで勝つソ連

前述のように、該当鉱区は「平等の精神」に基づき、50対50の精神で開発することになっていた。具体策としてソ連側が提案し、日本側が受諾した方法は、鉱区全域を碁盤の目のように分割し、ひとつおきに、ここは日本側の鉱区、ここはソ連側の鉱区と定めることだった。白と黒の碁石がきれいにひとつおきに並んでいるような具合だ。この協議の過程は記録として残っていないので、日本側がどのような判断をして受諾したのかは不明だ。だが、ソ連側の意図は、現実に次のようなことを行ったことからも明白だった。探鉱の「千三つ」のリスクを日本側に背負わせ、自分たちはリスクを避け、美味しい果実だけを求めたのだ。

すなわち、日本側が探鉱作業を始めると、ソ連側は黙って見ている。日本側が探鉱に成功すると、その隣の鉱区で掘削を行う。これならほとんど成功するからだ。当然、日本側が失敗した鉱区の周辺では何もしない。

後出しジャンケンをするソ連にしてやられたのだ。

なおソ連側は、生産された原油を日本側に売り渡すことを条件として、日本側から資金供与を受け、必要な資機材を日本から手当している。もはや、何をか言わんや、である。

「ソ連法適用」でとどめを刺された

まだ、ある。

日本側が徐々に事業を推進できなくなり、最終的に撤退に追い込まれた元凶は、ソ連法の適用だった。

ここでも若干、理解に役立つエピソードを紹介しておこう。

筆者が「三井石油開発」に在籍していたころ、知己のアメリカ在住の日本人弁護士に「石油開発の法務」について若手向け講義をしてもらったことがある。知人は当時、エネルギー業界に特化したアメリカのテキサス州ダラスの弁護士事務所で仕事をしていた。彼の講義は、石油開発契約において最も大事だという「適用法」と「仲裁条項」の解説から始まった。

なぜ、この2つが大事なのか。

彼の説明はこうだ。

契約というものは双方が合意して決めるものだ。したがって、順調に行っているときには何ら問題はない。問題になるのはトラブルが生じたときで、そのときに、どこの法律に基づき契約を解釈するか、さらに話し合いで解決できない場合、どこの誰に、どのような条件で仲裁してもらい、解決するのかが大事なのだ、というのだ。つまり「適用法」と「仲裁条項」を、いかにして自社に有利に取り決めるかが勝負なのだそうだ。

また、タイの首都バンコク勤務時代に、当時の駐インド日本大使から次のような話を聞いたことがある。

日本の会社の法務担当者は、社外の弁護士を含めて、契約を締結するための交渉に全力を尽くす。諸々の条項につき詳細な議論を行い、合意に達して契約を締結する。契約書に調印すると、ひと仕事終わった、と考える。

だが、インドの会社の法務担当は違う。契約を締結し終えたところから自分たちの本当の仕事が始まると考えている。すなわち、合意に達し、締結した契約書を、表から裏から斜めから読み込んで、どうすれば自社に有利な解釈ができるかを検討するのだ、と。

適用法や仲裁事項について取り決めのない日本の契約書によくある次のような条項は、世界では常識ではないのである。

「本契約に定めなき事項その他本契約に関し生じた疑義については、両者信義誠実の原則に基づき、協議の上解決するものとする」。

「北樺太石油」の利権契約では、開発作業に必要な資機材や生活必需品は、自由に、無税で輸入できることになっていた。だが、政治情勢が変化してくると、何が「必要なものなのか」について、ソ連側が理不尽な解釈を押しつけてくるようになった。ときには不法と思える解釈に基づき、無許可の生活必需品を輸入しているとして家宅捜索したり、「北樺太石油」の担当者が召喚、身柄を拘束されたりもした。あるいは、開発作業に必要だが一時的に使用するものだから、仮設の安価な設備でよいところを、高価な資材を使い、恒久使用に耐えられるような設備を造らせたりもした。さらには「ソ連法」に従い、ソ連人労働者の時間外労働を厳しく禁止し、些細な労務上の過ちも大げさに労働問題視したりもした。これらはすべて「嫌がらせ」である。

事業が開始してから10年ほど経った昭和11（1936）年に締結された日独防共協定は、ソ連を敵視するものと解釈され、以降、ソ連側による「北樺太石油」の事業推進に対する嫌がらせ、妨害行為は峻烈なものとなり、ほとんど事業停止に追い込まれたのだった。

かくて「北樺太石油」の命運は尽き、太平洋戦争中の昭和19（1944）年、有償とはいえ「タダ」同然で利権をソ連に売り戻すことになったのである。

「強いロシア」を目指す

引退を宣言した初代ロシア連邦大統領のエリツィンが、プーチンを大統領代行として指名したのは1999年の大晦日のことであった。プーチンは翌年3月26日の選挙で過半数を獲得し、2000年5月7日、正式に2代目大統領として就任した。ロシアにとって、まさに新しい世紀の幕開けだった。

冷戦からプーチン登場までのロシアの歴史は、青山学院大学の袴田茂樹名誉教授の「ソ連邦崩壊への道と屈辱の90年代」（木村汎、山内聡彦との共著、『現代ロシアを見る眼』の第一章として所収、NHKブックス、2010年8月）によると、次のように概観できる。

1960年代　底抜けの楽天主義と反体制知識人
1970年代　価値の多元化の時代
1980年代　ペレストロイカと社会主義の終焉
1990年代　「国民的原体験」としての屈辱の時代

袴田は、この章を次の文で締め括っている。

「少し前までは、超大国として米国と覇を競った国民として、90年代の状況はまさに屈辱的であった。超大国ソ連の崩壊と、90年代の屈辱。これこそが現代ロシア人の国民的原体験である。このことを理解することが、今日のロシアを理解する鍵である」。

ロシアにとって1990年代とは、冷戦時代の「自己認識」が如何に甘かったかを思い知らされ、ロシア国民が「原体験」として「屈辱」を味わった時代だった。これが、のちにプーチンの「強いロシア」政策を強烈に支えることにつながったのだ。

ロシアの国力の減退は明々白々だった。

例えば、石油生産量をとってみても、ソ連時代の1980年代までは現在とほぼ変わらない日量1000万バレル（BD）台を維持していたのだが、1990年代に入るとソ連崩壊とともに石油産業も没落し、1999年には600万BDを少々上回る水準にまで落ち込んでしまったのである。

2000年に第2代大統領に就任したプーチンは、国民が求める、かつての「強いロシア」の再建を政治目標とした。

「強いロシア」に必要な石油・天然ガス

「強いロシア」再建のためには、強い経済力が必要だ。ロシア経済は、豊富な石油・天然ガスの輸出によって支えられてきた。

二度のオイルショックによって石油価格が10倍以上に跳ね上がった１９７９年、ソ連はイランが革命によって混乱している隙を突き、イランの隣国アフガニスタンに侵攻した。だが、軍事占領中の１９８６年に「逆オイルショック」が起こり、石油価格は３分の１に落ち込み、ソ連の経済力は疲弊した。その結果、１９８９年にアフガニスタンから撤退したが、１９９１年にはソ連崩壊への道を辿らざるを得なかった。さらにロシア連邦として再出発したものの、石油生産量は減少し、価格は低迷を続けており、１９９８年には債務不履行（デフォルト）を引き起こし、「国際通貨基金（ＩＭＦ）」などから支援してもらうまでに追い込まれてしまったのである。

プーチンの大統領就任は、石油価格の回復と生産量の増加という幸運に恵まれた。石油価格は、１９９０年代に平均１バレルあたり18・33ドルだったものが、２０００年以降、28・50ドル、24・44ドル、25・02ドル、28・83ドルと上昇基調に入り、再選されて第３代大統領に就任した２００４年には38・27ドルとなっていた（北海ブレント原油価格、「ＢＰ統計集２０１７」）。生産量も、１９９９年の６１２万ＢＤから２０００年には６５８万ＢＤ、さらに７１１万ＢＤ、７７６万ＢＤ、８６０万ＢＤへと増加し、２００４年には９３４万ＢＤとなっていたのである（「ＢＰ統計集２０１７」）。

石油・天然ガスがほぼ半分を占める輸出金額も、１９９９年の７５６億ドルから急増し、２００４年には１８３２億ドルへと2・4倍に増えていた。輸出超過額も、３６０億ドルから８５８億ドルへと増加しており、ロシア経済は１９９８年の金融危機を乗り切り、ようやく順調な発展を見せ始めたのだ（ＩＭＦデータ）。

石油生産量と価格の上昇による棚ぼた利益（windfall profit）を、将来の価格下落に備えることを目的として、ロシア政府は２００４年に「安定化基金」を創設した。原油の輸出関税と生産にかかる採掘税が財資である。ロシア政府は、この基金を利用して、１９９８年の金融危機時に支援を受けた「ＩＭＦ」への負債返済を２００５年に、「パリクラブ」への返済を２００６年に完了し、国際的信用を回復したのである。

プーチンのエネルギー戦略

では、そもそもプーチンが採用したエネルギー戦略とはどういうものだろうか。プーチンは、どのような認識を持ってエネルギー戦略を構築したのだろうか。

プーチンの経歴をみると、１９９７年にサンクトペテルブルグ鉱山大学から『市場関係形成の条件下における地域の鉱物・原料資源的基礎の再生産の戦略的計画』という論文で経済学準博士号の称号を受けた、とある。この論文を日本語あるいは英語で読めないだろうか、と探してみた。だが、どこにも見当たらない。なぜか？

北海道大学の木村汎名誉教授の『プーチンのエネルギー戦略』（北星堂書店、２００８年１月）を読んで疑問が氷解した。

そもそも同論文は盗作か代作ではないかと疑われているのだそうだ。プーチンの公式伝記とみなされている『プーチン、自らを語る』（扶桑社、２０００年６月）でも一切触れられておらず、木村は「名越健郎氏（時事通信社モスクワ支局長）の手を煩わして、私もプーチンのこの準博士論文入手した。なんでも全世界での4人目だった（その後は複製禁止）とのこと」と記載している。

だが、木村によると、この論文はプーチン自身の考え方を実に正確かつ忠実に反映しており、プーチンの現実のエネルギー戦略を理解するのに極めて重要だとして、骨子は次のようなものだと説明している。

①世界一の鉱物資源の潜在的な力を合理的かつ効果的に利用することが、ロシアにとり重要であり、不可避の使命である。

②そのためには国家の管理下に置くことが肝要。

③経済発展のみならず、政治的にも寄与する。ロシア自身の地政学的利益の促進や国家安全保障の確保に役立ち、内外政策の遂行を容易にする。

確かに、プーチンが着任後すぐに実行したエネルギー戦略とは、エリツィン時代に民営化された石油・天然ガス資源事業を再度国家の管理下に戻すことだった。マーシャル・I・ゴールドマンの『石油国家ロシア』（日本経済新聞出版社、２０１０年2月）によると、「国が支配権を持つ会社」の「原油生産高」は、２０００年には10％だったが、２００７年には「50％にまで盛り返した」。

プーチンは③を念頭に、①の理解に基づき、②を実行したのである。

「ロスネフチ」と「ガスプロム」

なかでも、エリツィン時代に急成長した新興財閥オリガルヒのひとつ、ミハイル・ホドロスキーが所有していた「ユコス」を解体し、ソ連時代の石油工業省を母体としてスタートした国有石油会社「ロスネフチ」に吸収・合併させ、再度国有化したのが顕著な例である。

「ロスネフチ」は、その後、２０１２年に資産交換によりイギリス大手の石油会社「ＢＰ」に19・５％、欧米の経済制裁が課されている２０１６年12月９日には在スイスの大手資源会社「グレンコア」と「カタール投資庁」に合計19・５％を１０５億ユーロで売却しているが、依然として国家が50％＋３株を所有する、国有にしてロシア最大の石油会社である。

ロシア連邦燃料エネルギー中央流通局の発表によると、「ロスネフチ」は、２０１５年にはロシア全体の35％に当たる約３８０万ＢＤの生産量を誇っている（「ロシアの石油ガス産業の２０１５年総括と２０１６年の見通し」、本村眞澄、石油天然ガス・金属鉱物資源機構調査部、２０１６年１月27日）。国家の意思を経営に反映させるため、プーチンは、サンクトペテルブルグの副市長だった時代の部下であったイーゴリ・セーチンを会長として２００４年から送り込んでいる。

ちなみに２０１６年12月中旬、プーチン大統領が来日したときに「目玉」として「ロスネフチ」の株式購入の合意を発表すべく、日本政府は水面下で交渉していた（Ｓａｎｋｅｉ Ｂｉｚウェブ版、２０１７年１月９日「日本は寝耳に水　資源外交で勝敗分けた『機敏さ』露ロスネフチ株取得合戦の舞台裏」）。そのために「独立行政法人石油天然ガス・金属鉱物資源機構法」を改正し（２０１６年11月16日公布、施行）、上流企業による企業買収を支援することとしていた（２０１６年11月16日付同機構ホームページ「法改正によるＪＯＧＭＥＣの機能強化について」と題するＮｅｗｓ Ｒｅｌｅａｓｅ）。

だが、前述のとおり、プーチン大統領来日直前に「グレンコア」などへの売却合意が報じられ、「日本は寝耳に水」と慌てふためいたのだった。

なお、このときも誰が「ロスネフチ」の株式を購入するのか、「事業主体」が誰なのか不明だった。石油天然ガス・金属鉱物資源機構は、「事業主体」ではなく、あくまでも「民間」を支援する立場だ。詳細は不明だが、本件もまた事業としての最終責任を取ることのない、つまり「事業主体」ではない政府（経済産業省／石油天然ガス・金属鉱物資源機構）が交渉をしていたようだ。

ここにも戦前から綿々と引き継がれてきた日本のエネルギー政策の根本的欠陥が露呈しているが、詳細は別の機会に譲ろう。

天然ガス部門では、ソ連時代のガス工業省を母体とする「ガスプロム」が生産量で7割以上を占めている。大統領に就任する前のメドベージェフ（当時、第一副首相）がかつて会長を務めており、今でもノヴァック石油相が取締役となっている。「ガスプロム」もまた、国家の意思を経営に反映させるために、プーチンは自らの息のかかった人物を会社幹部に配しているのである。

「ガスプロム」は、国家が51％を所有し、２００６年のガス輸出法に基づき、２０１３年までは天然ガス輸出権も独占していた。同社以外の産ガス会社は、輸出用天然ガスはすべて安い国内価格で「ガスプロム」へ販売することを余儀なくされていた。だが、「サハリンⅠ」プロジェクトに権益を持つ「ロスネフチ」が建議し、２０１３年にプーチン大統領が「ガスプロム」の独占権を剥奪した。プーチンとセーチンの「近さ」を示す事例といえるかもしれない。

「サハリンⅠ」は原油生産こそ始まっているが、天然ガスは国内向けの少量しか開発されておらず、「ロスネフチ」は「エクソン」などのパートナーと協議し、本格的に天然ガス開発を行い、ＬＮＧとして輸出することを企図している。一方「サハリンⅡ」プロジェクトの50％＋１株の権益を持つ「ガスプロム」は、すでにＬＮＧとして輸出をしていることもあり、「サハリンⅠ」の天然ガスは「サハリンⅡ」に供給するのが最も合理的だと主張している。

このように原則自由となったものの、天然ガスの輸出は、初期投資が巨額なパイプラインかＬＮＧでしかできないため、現在「ガスプロム」以外に輸出を行っているのは、２０１７年末に立ち上がった民間ガス会社「ノバテック」が主導するヤマルＬＮＧだけである。

輸送面で重要なパイプラインは、１９９３年に大統領令で設立された「トランスネフチ」がほぼ独占している。ソ連時代に建設されたヨーロッパ向け幹線パイプラインをはじめ約7万キロのパイプライン網があり、ロシア生産原油の約85％を輸送している。「ユコス」が始めた東シベリア太平洋石油パイプライン・プロジェクトも「トランスネフチ」が推進し、すでに操業を開始している

このように、石油、天然ガスおよびパイプラインの主要部分はすべて国家の管理下に置くという、プーチン大統領のエネルギー戦略を実行しているのだ。

クリミア併合へ

２０１４年3月、ロシアはクリミアを併合した。欧米はただちに経済制裁で応じた。かつての帝国主義時代のように、軍事力を持って他国の領土を奪い取ることは許せない暴挙だからだ。併合したロシアにはロシアの理屈がある。それはクリミアの歴史に由来する。少々振り返っておこう。

クリミアは、黒海に面した半島だ。紀元前にギリシャ人が入植したことから歴史が始まり、地理的な重要性から、成吉思汗が興したモロッコ帝国、あるいはロシア帝国、オスマントルコ帝国など、大国の争いの中で翻弄されてきた。

18世紀後半、ロシア帝国がモロッコ帝国系のクリミア・ハン国を併合した。ロシア革命後の１９２１年には、クリミア自治共和国としてソ連の傘下に組み入れられた。第二次世界大戦後の１９４５年に自治共和国からクリミア州に変更されたが、１９５４年、ウクライナのロシアへの統合３００周年を記念して、当時のフルシチョフ第一書記（兼首相）により、ウクライナに譲渡された。ウクライナ傘下となったあとも、クリミア自治共和国となっていた。

このような歴史から、クリミア半島には多くのロシア人が住みついており、ウクライナ人が24%であるのに対し、ロシア人68%となっている（「ウクライナ概観」、在ウクライナ日本大使館、２０１３年8月）。

黒海は冬でも氷結しない。ロシアにとって「南」の大海への出口だ。フルシチョフは「ソ連は永遠だ」と考えていたのだろう。ソ連の一州からウクライナの統治下に変更されても、実態は不変だと判断していたのだと思われる。

ところが、ソ連は崩壊してしまった。１９９１年、ウクライナは独立した。クリミアも自治共和国として、ウクライナの支配下のままだ。

この情勢変化により、クリミア半島のセバストーポリを本拠とする黒海艦隊および海軍基地の取り扱いが大問題となった。

ロシア海軍は、北洋、バルチック、黒海および太平洋の４艦隊で構成されていた。防衛省防衛研究所の『東アジア戦略概観２０１５』（２０１５年3月）の「第6章　ロシア：ウクライナ危機で揺らぐロシアの立ち位置（執筆者：坂口賀郎、山添博史、秋元茂樹）」によると、２０１４年12月に5つ目の統合本部として「北部統合戦略司令部」が創設された。今では5艦隊で構成されていることになる。同報告書は「北極地域が他の地域に並ぶ重要な正面であることが示された」としている。

北極海重視は新たな動きだが、唯一の不凍港であるセバストーポリ基地を確保することは、ロシアにとって極めて重要な問題であった。

１９９７年にようやくロシアとウクライナの合意が成立した。艦隊を分割して保有し、ロシアは、確保した艦船の代金およびセバストーポリ港の租借料として、ウクライナに供給する天然ガス代金を充当することとした。ロシアのセバストーポリ海軍基地の租借は、２０１７年までの20年間、年間９７００万ドルの租借料、という取り決めだった。

順調にゆけば、２０１７年に契約更改期を迎えるはずだった。

ところが、ウクライナで2004年に「オレンジ革命」が起こり、親欧政権が誕生し、EUおよびNATOへの加盟を検討し始めたため、ロシアは危機感を強めた。安全保障の観点から、黒海にあるセバストーポリ基地がNATOの手に落ちることは絶対に認められないことだった。

ロシアは、ウクライナへの天然ガス供給契約を利用し、ウクライナの外交政策を親ロシアに変更させようと圧力をかけたが、成功しなかった。2006年および2009年の冬には、ウクライナ向け天然ガス供給を途絶させたが、ウクライナが本来さらに先のヨーロッパ諸国に供給されるべき天然ガスを抜き取ったため、ウクライナ以遠のヨーロッパ諸国にも大きな影響が出た。だが、ウクライナのEUおよびNATOへの傾斜姿勢は変わることがなかった。

それがクリミア併合につながったのだ。

ウクライナはヨーロッパへの入口

ウクライナの重要性は、ロシア産天然ガスのヨーロッパへの入口に位置していることにある。

図2からわかるように、ロシアからヨーロッパへの天然ガスパイプラインは、「北光（Northern Lights）」、「兄弟（Brotherhood）」および「友好（Soyuz）」の3本がメインで、ポーランド経由で年間3100億立方メートル（LNG換算2294万トン）、ウクライナ経由で8400億立方メートル（同6216万トン）の送ガス能力がある。バルト海の海底を通る「ノルド・ストリーム」（能力2300億立方メートル、LNG換算1702万トン）は、のちに詳述する通過国リスクを避けるべく、2011年にロシアからドイツに直接つながるパイプラインとして開通

図2　ロシアからヨーロッパへの天然ガス輸出量（2013年）
単位：億立方メートル／年

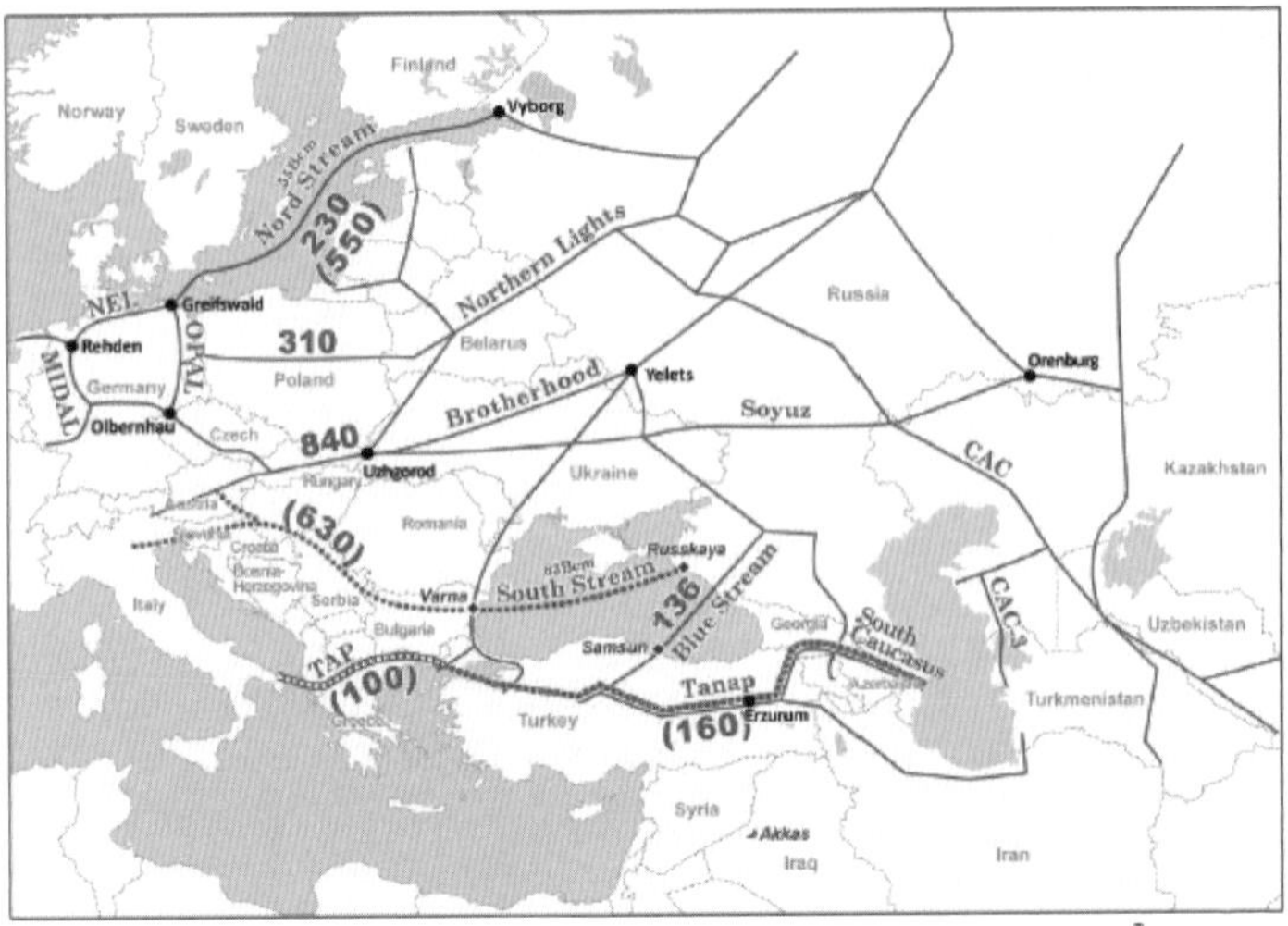

出所：「ロシア：サウス・ストリーム計画の撤回とロシアの天然ガスパイプライン網の再編」、本村眞澄、石油天然ガス・金属鉱物資源機構調査部、2014年12月19日）

したものである。

最初の天然ガス供給途絶が発生した２００６年当時、ヨーロッパは天然ガス需要の４分の１をロシアに依存しており、その７割程度がウクライナ経由のパイプラインで供給されていた。１９７９年以来、過去約30年間、冷戦中にも安定的に供給されていたロシア産天然ガスの供給途絶がもたらした「ウクライナ危機」は、地政学リスクを念頭に置いたエネルギー政策の重要性をＥＵに再認識せしめた。だが、ＥＵとしてのあらまほしきエネルギー政策と、各国の外交的主体性あるいは事業主体となる民間企業の経営方針を合体させることは難しく、すぐには実現しなかった。

この「ウクライナ危機」の実態を理

解するために、西シベリアの天然ガスがヨーロッパに供給されるようになった背景を若干説明しておこう。

天然ガスは中途半端なエネルギー

その前に、天然ガスの物理的特性からくる特殊性を、ご理解いただく必要がある。

天然ガスは長い間、生産地周辺でしか使えない「中途半端なエネルギー」だった。石油開発に従事している技術者たちは、探鉱作業を行って、見つかったものが石油ではなく天然ガスだとわかると、がっかりしたものだ。周辺に消費する産業や大都会がないと、自家用燃料以外に使い道がなく、開発・生産に移行することができないからだ。投下資金が回収できないので、技術的には「成功」といえても、商業的には「不成功」でしかない。探鉱に成功して地下にあることがわかったものの、そのまま蓋をされてしまった天然ガス坑井は数知れない。石油生産とともに随伴生産される天然ガスは、自家用燃料などに必要なもの以外は燃やすしかなかった。環境問題が生じた最近では、坑井に戻すのが通例だ。

最近になって、ようやく天然ガスも重要視されるようになった。地球温暖化問題に鑑み、二酸化炭素（CO_2）の排出量が石炭の55%、石油の73%と低いため、環境により優しい燃料と位置づけられるようになったからだ。特に需要が増加している発電用の燃料、すなわち電源燃料としての評価が高い。だが、約160年の石油開発の歴史の中では、つい最近の出来事なのである。

天然ガスは常温で気体なので、生産地から離れた消費地に運ぶためには長距離パイプラインか、マイナス162℃以下に冷却して液化したLNGを専用タンカーで運ぶしか輸送方法がない。だが、長距離のパイプライン敷設も、生産地での液化装置や専用タンカー、あるいは消費地での専用受け入れ装置および再ガス化装置などを要するLNGも、初期投資が巨額になるため、長期間、必ず引き取るという信頼できる買主の保証がないと資金手当てができず、プロジェクトに着手できないのだ。また当然だが、20〜30年という長い期間、供給を継続できるだけの大量の天然ガスが埋蔵されていることが前提となる。

天然ガスは、石油とは異なった特殊性を持つエネルギーなのである。

西シベリアの天然ガスがヨーロッパへ

さて、第二次世界大戦後、経済復興していく過程でヨーロッパのエネルギー需要は急増した。アメリカは戦後復興計画である「マーシャルプラン」により消費地精製の拡大を手助けした。1970年代に北海の生産が始まるまで、石油は中東が重要な供給地だった。

一方、天然ガスは、1959年に発見され、1964年に生産を開始したオランダ領北海のフローニンゲン・ガス田が主力だったが、次第にこれだけでは足りないことがはっきりしてきた。そこで、イギリス領あるいはノルウェー領の北海ガス田とともに、ソ連の西シベリアで発見された巨大ガス田への期待が高まった。

西シベリアで膨大な埋蔵量が確認された天然ガスも、需要が旺盛なヨーロッパ市場に供給するためには長距離パイプラインが必要だ。だが、開発およびパイプラインへの投資を決断するには、

例えば、２０１１年に開通したバルト海経由の「ノルド・ストリーム」であり、浮上しては消えていった「ナブッコ・プロジェクト」である。

前者は、ロシアからドイツへの直通ルートであり、後者はアゼルバイジャンやトルクメニスタンなどからの天然ガスをトルコ経由、ヨーロッパへ送る計画で、ロシアのパイプラインを利用しないことを目指したものだ。

いずれもウクライナの持つ「ヨーロッパへの入口」としての重要性を低下させることにつながる。

だが、消費国側から考えると、最高のエネルギー安全保障策とは、まさにチャーチルが喝破したように「多様化」なのだ。

東へと重心が移っていく

ロシアの石油の歴史は古い。

19世紀後半、バクーで始まった石油産業は、ロシア革命後北上し、ヴォルガ川周辺からウラル山脈に連なる地域が中心となった。そしてウラル山脈を越えた西シベリア平原が、第二次世界大戦後の長い間、ソ連の石油産業の中心だった。

世界一の生産量を支えたのは、１９００年前後のバクーと、１９７０年代後半および最近の西シベリア地域だったのだ。

だが、ある特定の地域の石油生産の勢いが未来永劫、続くことは難しい。

西シベリアの油田も老朽化したところが増え、水圧入などの二次回収による生産維持も、次第に困難になっている。

ロシアは、どのようなエネルギー政策をもって対応しようとしているのだろうか。

プーチンのエネルギー戦略については、本章の「プーチンのエネルギー戦略」で紹介したとおりだが、では国家としてのロシアは、具体的にどのような将来政策を打ち出しているのだろうか。

２０１０年、ロシア・エネルギー省は「２０３０年までのロシアのエネルギー戦略（Energy Strategy of Russia, for the period up to 2030、以下、「エネルギー戦略２０３０」）」なるものを公表した。国際公共政策研究センターの主任研究員である石野務氏が「２０３０年までのロシアのエネルギー政策」（２０１３年８月27日）と題して内容を紹介している。

ちなみに最新改訂版となる予定だった「２０３５年までのロシアのエネルギー戦略」は未だに確定していない。２０１４年末に草案が作成され、政府承認を得る段取りとなっていたが、折から石油価格大幅下落という環境変化があり、その後も不確実な状況が継続しているため、２０１８年春現在、草案は依然として承認されていない。

したがって、ここでは「エネルギー戦略２０３０」に基づき、ロシアのエネルギー政策をみてみよう。

「エネルギー戦略２０３０」によると、ロシアの石油ガス生産は、伝統的な西シベリア地域が減少し、東シベリアや極東、北部および北極海地域が増加すると見込まれている。

石油は、２００８年実績が４億８７６０万トンであったのに対し、２０３０年には

5億3600万トンに微増すると予測しているが、西シベリア地域の比率は65・4％から54・4％に落ち込む見込みだ。一方、東シベリアや極東、北部および北極海地域は8・9％から27・0％に増加する。

天然ガス生産は、2008年の6640億立方メートル（LNG換算4億9136万トン）から9400億立方メートル（LNG換算6億9560万トン）に増加するとみており、西シベリアの減産を北部のヤマル半島や東シベリア、極東が埋めて余りあるとみている。

このような生産地域の東方シフトに伴い、輸出市場としても従来のヨーロッパ一辺倒から、アジア太平洋地域の重要性が指摘されている。

このように「ウクライナ危機」による欧米の経済制裁発動以前から、ロシアのアジア市場重視の方針は固まっていたのである。

欧米による経済制裁との戦い

ロシアにとって現下の最大の課題は、エネルギー価格の低下もさることながら、欧米による経済制裁である。

ロシアがクリミアを併合したことを受け、2014年3月、最初の経済制裁が発動された。だが、これは一部政府高官に対するビザの発行制限や渡航禁止といった象徴的なものであった。ところが同年7月、オランダ人など多くのヨーロッパ人を乗せたマレーシア航空機が、親ロシア武装勢力が支配しているウクライナ東部上空で撃墜されたことにより追加制裁が課された。なかでも、90日以上の長期金融の制限や、石油分野における資機材および技術提供の制限が、中長期的にロシアの石油ガス生産に大きな影響をもたらすものとみられている。具体的には、黒海などの深海地域や北極海、シェールオイルの探鉱・開発に関する技術輸出が制限されたことの影響は大きいものがあるだろう。

「エネルギー戦略2030」は、ロシアの技術的立ち遅れの実態を認めている。発電部門においてもクリーン・コール・テクノロジー（CCT）を利用した石炭火力や、エネルギー効率の良いコンバインド・サイクル発電などの分野で遅れているとしている。石油精製でも先進的技術を利用した製品製造分野での拡充が必要だし、石油開発については、自然条件の厳しい極東、東シベリアおよび北極海での掘削技術を海外から導入することの必要性が強調されている。

2010年に「エネルギー戦略2030」を公表したころを中心に、ロシアは欧米大手国際石油会社との提携を深め、技術導入を計画してきた。

例えば、2018年3月まで米国の国務長官を務めたレックス・ティラーソンが最高経営責任者（CEO）だった「エクソンモービル（以下「エクソン」）」は2011年、「サハリンⅠ」事業でパートナー関係にあるロシア最大の国営石油会社「ロスネフチ」と広範な協力協定を締結した。資金面もさることながら、「ロスネフチ」が北極海の大陸棚や黒海の深海鉱区、あるいは西シベリアのシェールオイルの開発に「エクソン」の卓越した技術を導入することが狙いだった。

イギリス・オランダの大手石油会社「シェル」は2013年、ロシア最大の国営ガス会社「ガスプロム」と提携し、北極海の大陸棚や西シベリアのシェールオイルを共同で開発することで合意した。

イギリスの「BP」は、2011年に「ロスネフチ」と北極海のグローバル戦略提携を行い、2012年には合弁会社「BP-TNK」の株式を「ロスネフチ」に売却し、見返りに同社の株式を購入し、現在では19・5%の株主となっている。「BP-TNK」時代に派遣されて同社の常勤役員を務めた経験があり、現在「BP」のCEOとなっているボブ・ダドレーは現在、「ロスネフチ」の非常勤役員を務めている。また「BP」の決算発表では、「ロスネフチ」の業績だけ別に記載されている。

ほかにもイタリアの「ENI」やノルウェーの「スタットオイル」(2018年3月、「エクイノール」に社名変更した)が2012年に「ロスネフチ」と協力協定を締結しており、フランスの「トタール」は民間ガス会社「ノバテック」と組んでヤマルLNGを推進している。

このように欧米大手の石油会社はロシア大手との提携を強めていたが、前述した2014年の経済制裁により、新規の投資はもちろん、欧米の大手国際石油の持つ先進技術や高度の資機材の供与が禁止されたため、「エクソン」も「シェル」も前述した協定に基づく共同開発作業を中断せざるを得なくなってしまった。「エクソン」はモスクワ事務所も閉鎖した。

ロシアにとっては、深海あるいは自然環境の厳しい地域での掘削や、米国で革命を起こしたシェール開発の技術やノウハウが導入できなくなり、致命的なダメージを受けている。こうした事情も、2017年初頭からの協調減産を通じ、サウジアラビアとの提携を深めている背景にあるものと思われる。

前述したように、経済制裁の一環として欧米から90日以上の長期の資金調達ができないこともロシア側にとっては大きな打撃となっている。

新規案件もさることながら、進行中のプロジェクトでも巨額の開発資金を要する案件では大きな問題だ。

例えば、北極海に面したヤマル半島におけるLNGプロジェクトは、経済制裁により欧米での資金調達ができず、完成直前の段階で足踏みを余儀なくされていた。計画より1年以上遅延していた2016年4月、ようやく「中国輸出入銀行」および「中国開発銀行」からユーロ建ておよび人民元建てで120億米ドル相当の融資が確定し、プロジェクトは前進することとなり、2017年末、待望のLNG第一船が出航したのだった。

ここで「ヤマルLNG」の概況を紹介しておこう。「シェル」が主体となって操業している「サハリンⅡ」に次ぐ第二のLNGプロジェクトで、ロシアにとって待望の「北部」における新規案件だ。中国が「一帯一路」の一部だとして「北極海シルクロード」構想を打ち出したのも、まさに「ヤマルLNG」があるからだ。

ヤマルLNGプロジェクト

北極海に面したヤマル半島に膨大な天然ガスが存在していることは古くから知られており、1974年には、ヤマルLNGプロジェクトに天然ガスを供給する南タンベイスコエ・ガス田が発見されている。だが、あまりに過酷な気候環境が商業化を困難にしていた。

２０１７年夏、ヤマルＬＮＧプロジェクトの南に位置するヤマル半島陸上部のノブォ・ポルトフスコエ油田を視察した石油天然ガス・金属鉱物資源機構の原田大輔氏によれば、同地は「冬季は氷点下60℃まで下がり、夏季には20℃まで気温が上昇する。１年のうち、平均86日をブリザードが吹き荒れ、７割を積雪が覆う」という過酷な自然環境の地なのだ（同機構「石油・天然ガスレビュー」２０１７年９月号所載「欧米制裁下、ロシア北極圏で進む石油ガス開発の現状」）。現地での開発作業も多大な困難が伴うが、氷に閉ざされた北極海を抜けて需要のある市場までの輸送問題がＬＮＧプロジェクトを成功させるための最大の課題だった。

プロジェクトの成否は、需要増が期待されるアジア市場に競争力のある価格でＬＮＧを輸送・販売できるかどうかだ。そのためには距離の短い北極海東回り航路が重要になる。

皮肉なことに、化石燃料の大量消費も一因をなしている地球温暖化により、北極海を覆う氷塊は以前より少なく、薄くなった。その結果、夏季には砕氷船を使えば、北極海を東回りでベーリング海峡を抜けてアジアに下ることも可能になった。

２０１２年11月、ノルウェー北部に位置するスノーヴィットＬＮＧプロジェクトから、ロシアの「ガスプロム」が初めて北極海を東回りで、九州電力までＬＮＧを輸送してみせた（「九電、北極海経由でＬＮＧ調達　輸送距離を短縮」、２０１２年12月６日付日本経済新聞）。ヨーロッパを経てスエズ海峡を通る南回りより、３分の１ほど航海日数を短縮できたという。輸送コストを相当程度縮められたはずだ。ロシア法に基づき、氷塊衝突のリスクを回避するため、北極海海域はロシアの原子力砕氷船が先導して実現した航海だった。

総事業費269億ドルのヤマルLNGプロジェクトは、砕氷能力付きLNG船建造に3分の1の資金を投じるといわれている。最大氷厚2・1メートルの氷海でも単独砕氷航行が可能な仕様の砕氷LNG船こそがプロジェクト成功の鍵を握っているのである。

砕氷LNG船の第一船はすでに韓国の「大宇造船」により建造され、「クリストフ・デ・マルジェリ」号と名付けられた。プロジェクト実現に貢献したフランスの大手国際石油会社「トタール」の前CEOの名前を冠したのだ。2014年10月20日にモスクワ空港で不慮の航空機事故により逝去した故人の栄誉を称え、プーチン大統領出席の下、2017年6月3日、ロシア・サンクトペテルブルグにおいて命名式が行われた。前述の九州電力向けと同様、ノルウェーのスノーヴィットLNGプロジェクト産のLNGを積み、北極海東航路初航海を行い、2017年8月19日には韓国に到着している（「ロシア　砕氷船を使わず北極海航路　初成功と海運大手」、2017年8月28日付毎日新聞）。

日本の「商船三井」も、中国の「中国海運（集団）総公司」と共同企業体（JV）をつくり、ヤマルLNGプロジェクト用に3隻の砕氷LNG船を韓国の大宇造船で建造している（商船三井によるプレスリリース「ロシア・ヤマルLNGプロジェクト向け新造LNG船3隻の造船契約を締結～世界初の砕氷LNGによるLNG輸送プロジェクトに参画北極海航路の商業運航を実現～」、2014年7月9日）。

ヤマルLNGプロジェクトとしては当面、「大宇造船」において15隻の砕氷LNG船を建造する計画で、夏季は東回りでベーリング海峡を南下する航路を取り、冬季は西回りでヨーロッパに

図3　ヤマルLNGプロジェクトの運航経路

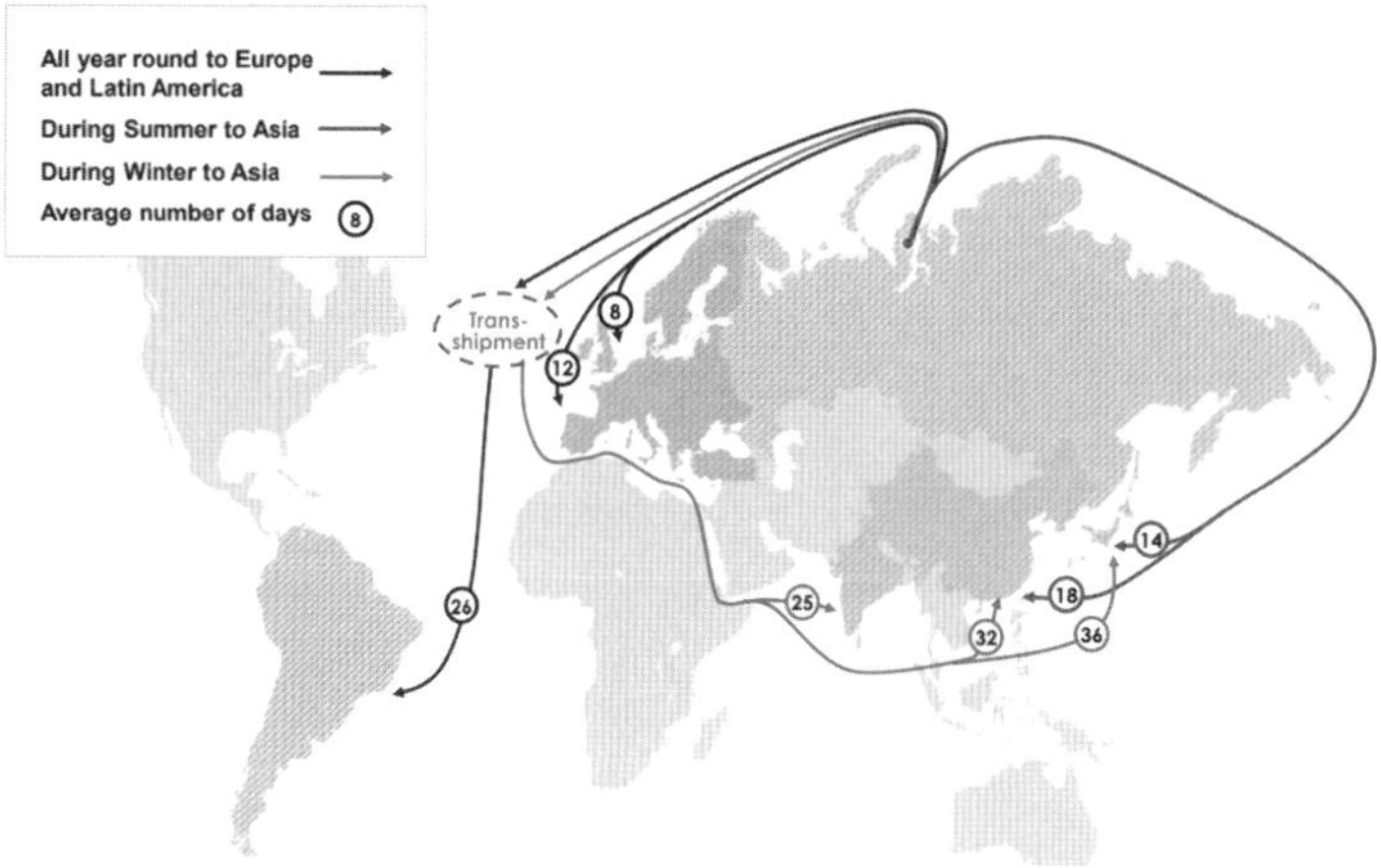

出所：http://www.novatek.ru/common/tool/stat.php?doc=/common/upload/doc/IR_December_2014_UBS.pdf

回り、そこで通常のＬＮＧ船に積み替え、スエズ海峡経由でアジアにも運航する計画である。東回りは西回りより３分の１ほど航行距離が短いというメリットがある。

前述のように、中国は、ヤマルＬＮＧプロジェクトでも権益を確保し、ＬＮＧ購入契約も結び、巨額の融資も実行し、しっかりと足場を築いている。長期契約に基づく引き取りは２０１８年４月に始まっている。

２０１７年末にプーチン大統領の祝福を受けて「クリストフ・デ・マルジェ号」に積載され出航した第一船は、スポット取引としてマレーシアの国営石油「ペトロナス」に売却され、転売を受けたフランスの「エンジー」は、イギリスで通常のＬＮＧ船に積み替え、折からの極寒で天然ガス不足に悩んでいたアメリカ東海岸に持ち込んだ。欧米の対ロシア経済制裁は、石油や天然ガスの売買取引には及んでいないため、懸念されていた政治的軋轢は生じなかった。

一方、我が日本は、2016年12月、来日したプーチン大統領と安倍晋三首相臨席の下、国際協力銀行がプロジェクト推進会社との間で2億ユーロの融資契約を締結した。「日揮」と「千代田化工建設」が関与している液化プラントの設計・調達・建設（EPC）に係る契約資金の一部を、フランスおよびイタリアの貿易保険会社とともに国際協調融資案件として実行したものである。

このように日本は、輸送面・金融面での関与はあるものの、LNGを確保するところまでは参画していないのである。

価格下落のなか、ロシアは強気だ

2014年末に石油価格が暴落を始めたのは、クリミア併合によりロシアが欧米による経済制裁を受けている最中だった。経済制裁の影響がじわじわと効き始めているなかのエネルギー価格の下落は、国家収入の約半分を石油・天然ガスの輸出に依存しているロシアにとって死活問題だ。原油価格の下落とともにロシア通貨ルーブルも暴落し、投資も個人消費も冷え込んだ。経済は悪化し、1998年以来の債務不履行（デフォルト）を起こすのではないか、と懸念された。

石油価格およびルーブルが暴落し始めていた2014年12月18日、プーチン大統領は記者会見で「現在の経済的な混乱は2年以内に過ぎ去る」との見通しを示した（The Wall Street Journal 日本語版、「ロシア経済混乱、最大2年続く＝プーチン大統領」、2014年12月18日）。

図4　原油価格とルーブル対米ドル為替相場の推移

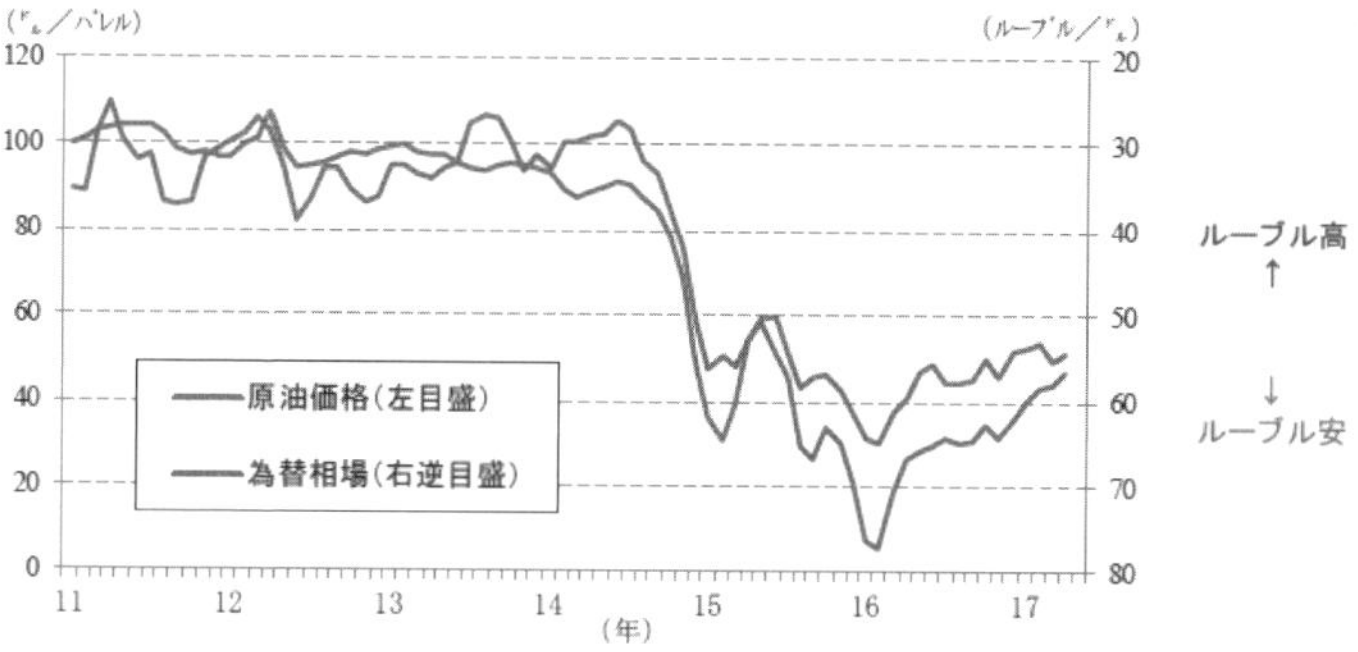

出所:http://www.murc.jp/thinktank/economy/analysis/research/report_171109.pdf、「ロシア経済の現状と今後の展望」、堀江正人、三菱UFJリサーチ＆コンサルティング、2017年11月9日

筆者はこれを、2年間は持ち堪えられる、という意味だと読んだ。

確かに、それからの2年間は、ロシアにとって試練だった。

2015年、ロシア経済はマイナス2・50％の落ち込みを見せた。リーマンショック後の2009年のマイナス7・82％よりはマシだった。2016年もマイナス0・20％となった。だが、2017年にはプラス1・55％とプラス成長に転じた。心配された、債務不履行（デフォルト）に落ち込むことはなかった。

立ち直りの主因は、2016年初めから始まったOPEC・非OPECの協調減産協議が、同年末に結実し、2017年初めから世界全体の生産量の約2％に相当する180万BDの減産が実行され、石油価格が回復したことだった。

さらに、1998年の債務不履行（デフォルト）の経験から、石油価格と天然ガス価格が好調なときに、将来の価格下落に備えるべく設置した安定化基金（2008

図5　準備基金（2008年1月までは安定化基金）と国民福祉基金の残高推移

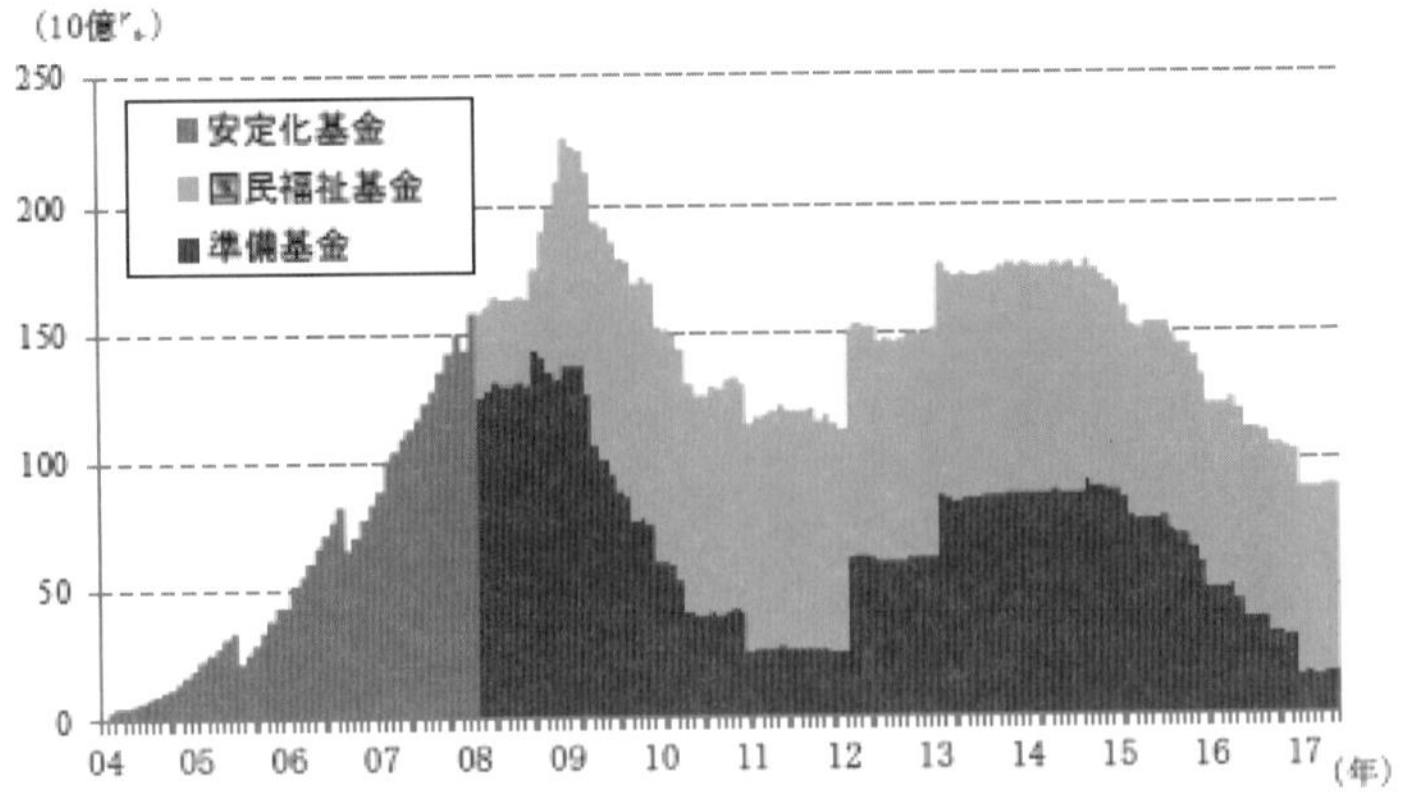

出所:http://www.murc.jp/thinktank/economy/analysis/research/report_171109.pdf、「ロシア経済の現状と今後の展望」、堀江正人、三菱UFJリサーチ＆コンサルティング、2017年11月9日

年に準備基金と国民福祉基金に分割）の積立金が、積極的な経済財政政策を展開する支えとなった。また、豊富な外貨準備もプーチンに「２年」の猶予期間を与えたのだった。

また、国家予算策定前提の石油価格を、２０１５年、２０１６年はバレルあたり50ドル、２０１７年は40ドルとしていることに代表される厳しい財政規律の導入も功を奏した。同じ産油国でも、多くのＯＰＥＣ諸国との違いは、ここにあるのかもしれない。

「外交と防衛」が支えるプーチン人気

日本では「外交と防衛」は票にならない、といわれている。だが、プーチンの人気は、まさに「外交と防衛」に依っている。これは国民性の差であろう。

前述した袴田が指摘しているように「今日のロシアを理解する鍵」は、ソ連が解体されロシアが誕生した1990年代の『国民的原体験』としての屈辱」なのだ。

2014年3月にクリミアを併合したとき、それまで70％台だったプーチンの支持率は86％に上昇した。

そして2014年末からの石油価格下落と欧米による経済制裁の影響で経済が悪化しているなか、2018年3月に大統領再選を控えているプーチンがとった策は、ウクライナ危機により悪化した政治環境を改善すべく、欧米諸国に「イスラム国（IS）のテロとの戦い」を呼びかけ、シリア国内で空爆を開始することだった。これは、ロシアにとって旧ソ連時代のアフガニスタン侵攻以来、36年ぶりの本格的な国外軍事展開だったが、もたついている欧米の間隙に入り込む希代の妙策だった。

「イスラム国（IS）のテロとの戦い」という大義に欧米は反対できない。しかも「イスラム国（IS）」も一因となっているシリア難民が怒濤のごとくヨーロッパ大陸に押し寄せている環境下、「イスラム国（IS）のテロとの戦い」は、まさに正義の戦いの衣を羽織っていた。

欧米諸国は、クリミア併合の事実を容認することはできないが、ロシアによるシリア国内のテロリスト空爆は否定できなかった。ロシアは着々と地歩を固め、シリアのアサド政権はロシアを頼りにするようになった。ロシアはまた、アサド政権を支持するイランとも近づいた。

このようにして、ロシアは再び世界に影響力を持つ「大国」への道を歩み出しているのだ。

2018年3月の大統領選を前にした2017年11月の世論調査では、連邦政府の支持率は下落して50％だったが、プーチン大統領の支持率は80％に上昇していた。ロシア国民は、プラス成長に回復したものの政府の経済政策は評価しないが、「強いロシア」再建を目指すプーチンのリーダーシップは高く評価したのだった。

「大国」を維持するため、ロシアは国力からみると過大な軍事費を使っている。ストックホルム国際平和研究所が発表しているデータによると、ロシアは2015年664億ドル、2016年692億ドル、2017年663億ドルと、国家予算のほぼ2割を軍事費に充当している。金額的には、米国の約6000億ドル、中国の約2200億ドルには及ばないが、対国内総生産（GDP）比率では、2015年4・5％、2016年、2017年4・3％と、アメリカの3・4％程度、中国の2％程度と比べると圧倒的に高い比率となっている。ロシアよりGDP比率が高いのは、最近急激に軍事費を増加させているサウジアラビア（700億ドル弱、10％強）くらいである。

持続可能な脱エネルギー経済体制に転換するために、プーチンは軍事費の削減とハイテクなど付加価値の高い産業を育成しなければならない。だが、実現までの間、エネルギー価格の下落を阻止する必要がある。

中東への関与増は一石二鳥を狙った政策なのだろうか。

2018年5月、トランプ大統領は公約どおり、イランとの「核合意」からの離脱を発表した。石油市場からみると、180日の猶予を与えているとはいえ、イラン原油の輸出を押さえ込む意図を明確にしたことになる。OPEC／非OPECの減産合意が継続中であり、政治的・経済的大混乱によりベネズエラの原油生産が減産水準より50万BD以上も落ち込んでいることもあり、原油価格は急激な上昇を見せている。イランの反応によっては戦火を交えることになるかもしれないという地政学リスクが膨れ上がっている。

例えば、ニューヨーク・マーカンタイル取引所（ＮＹＭＥＸ）のウエスト・テキサス・インターミディエート（ＷＴＩ）原油は、２０１７年平均価格がバレルあたり51・63ドルだったが、２０１８年１月から４月までの平均価格は63・47ドルであり、同年５月中旬には70ドルを超えている。

トランプの「核合意」離脱政策には、ヨーロッパ勢がこぞって反対しており、プーチンの望む欧米の亀裂が明確化している。

この展開を、プーチンは、どのように有効活用していくのであろうか。

第3章

中東「百年の呪縛」からの脱却を目指す？

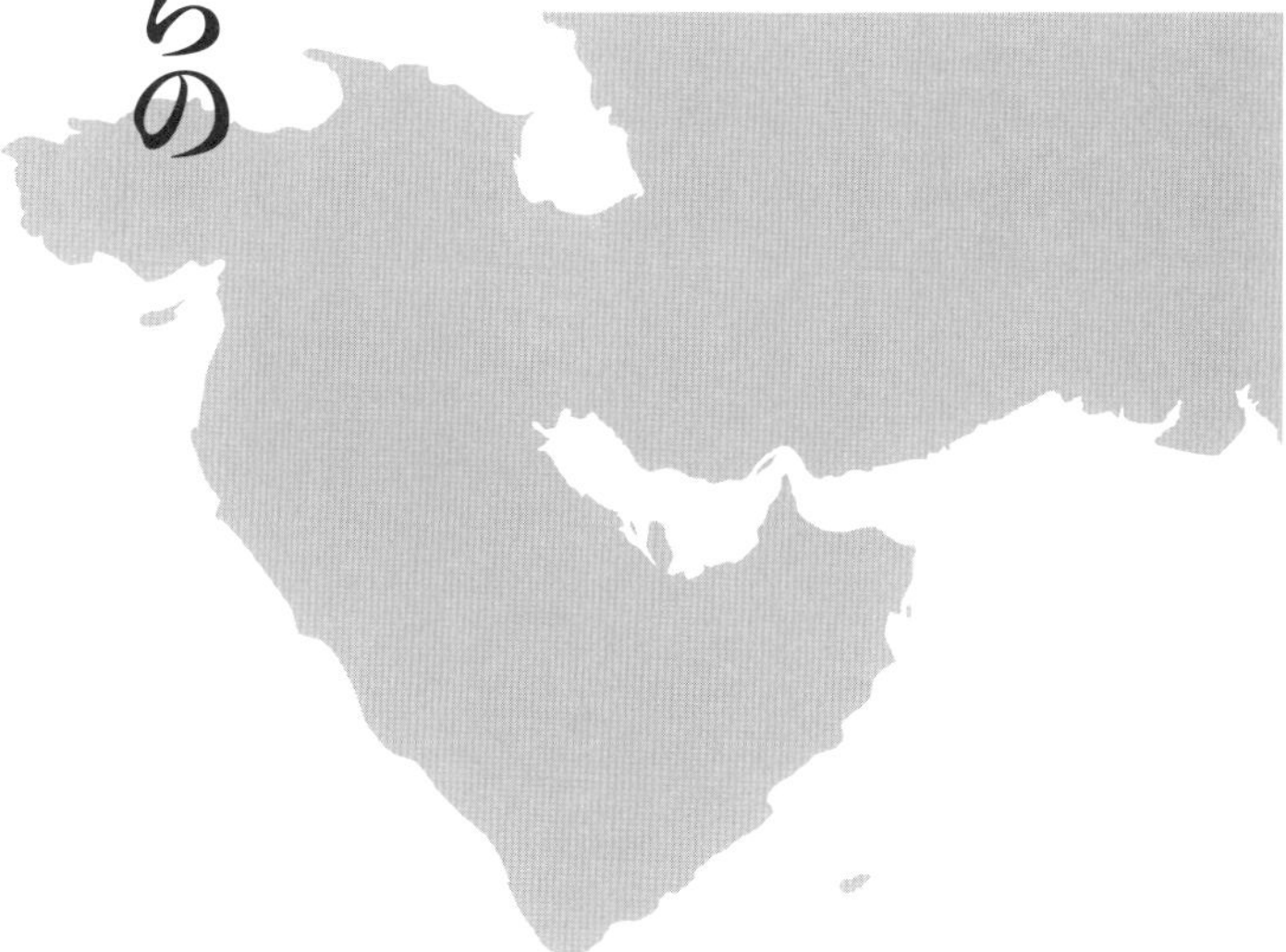

図6 「赤線協定」の範囲

出所:Wikipedia(一部加工処理)

「赤線協定」という、石油業界では有名な協定があった。

ＯＰＥＣ創設に先立つこと約30年、「トルコ石油」(のちの「イラク石油」)株主が長年の協議を経て１９２８年７月31日に契約調印に至った際、出資者間で合意した一種のカルテル機能を持った協定だ。赤線で囲まれた旧オスマン帝国の領土内においては、全社が共同で行うことを除いて出資各社が単独で石油利権を獲得することを禁じたものである。

「トルコ石油」創設の中心人物であり、「ミスター５%」と呼ばれたアルメニアの石油業者カルースト・グルベンキアンが中東の地図を広げ、クウェートとエジプトを除く旧オスマン帝国の領土はこの範囲だ、と赤線で囲ったことから「赤線協定」の名前がついたといわれている(図6)。「自分は、オスマン帝国の時代に首都コンスタンチノープルで生まれた。だから、どこが旧オスマン帝国の版図なのか知っている」というのだった。

すでに石油が発見されていたペルシャ(カジャール朝イラン)の西に広がるメソポタミア地域(現在のイラク)の石油利権を獲得し、独占的に開発・生産することを目的に設立された「トルコ石油」の親会社5社とは、「アングロ・ペルシャ(現在のBP)」や「ロイヤル・ダッチ・シェル」、「フランス石油(現在のトタール)」、「スタンダード(現在のエクソンモービル)」がリードするアメリカ石油連合」の4社と、「ミスター5%」のグルベンキアンの会社だった。グルベンキアンを除けば、すべて現代のスーパーメジャー(国際石油資本)に変貌した石油会社だ。

それでは最盛期と第一次世界大戦が始まった1914年当時のオスマン帝国の領土はどうだったのか、図7および図8を見てみよう。

これらの図で明らかなように、現在のサウジアラビア(以下、サウジ)に相当する地域では、ペルシャ湾と紅海の沿岸部以外にオスマン帝国の支配は及んでいなかった。つまり最盛期でも、オスマン帝国の支配が及んでいない内陸部があったのだ。広大な砂漠が広がるサウジの内陸部では、現在のサウジ建国の父であるアブドルアジーズ・ビン・アブドッラハマーン・アルファイサル・アールサウド(以下、イブン・サウド)が他の部族を次々と征服し、政略結婚を繰り返し、着々とサウド王国の版図を拡大しているところだった。このころ、サウジに石油があるという情報はまったくなかった。

図7　オスマン帝国の最盛期の領土

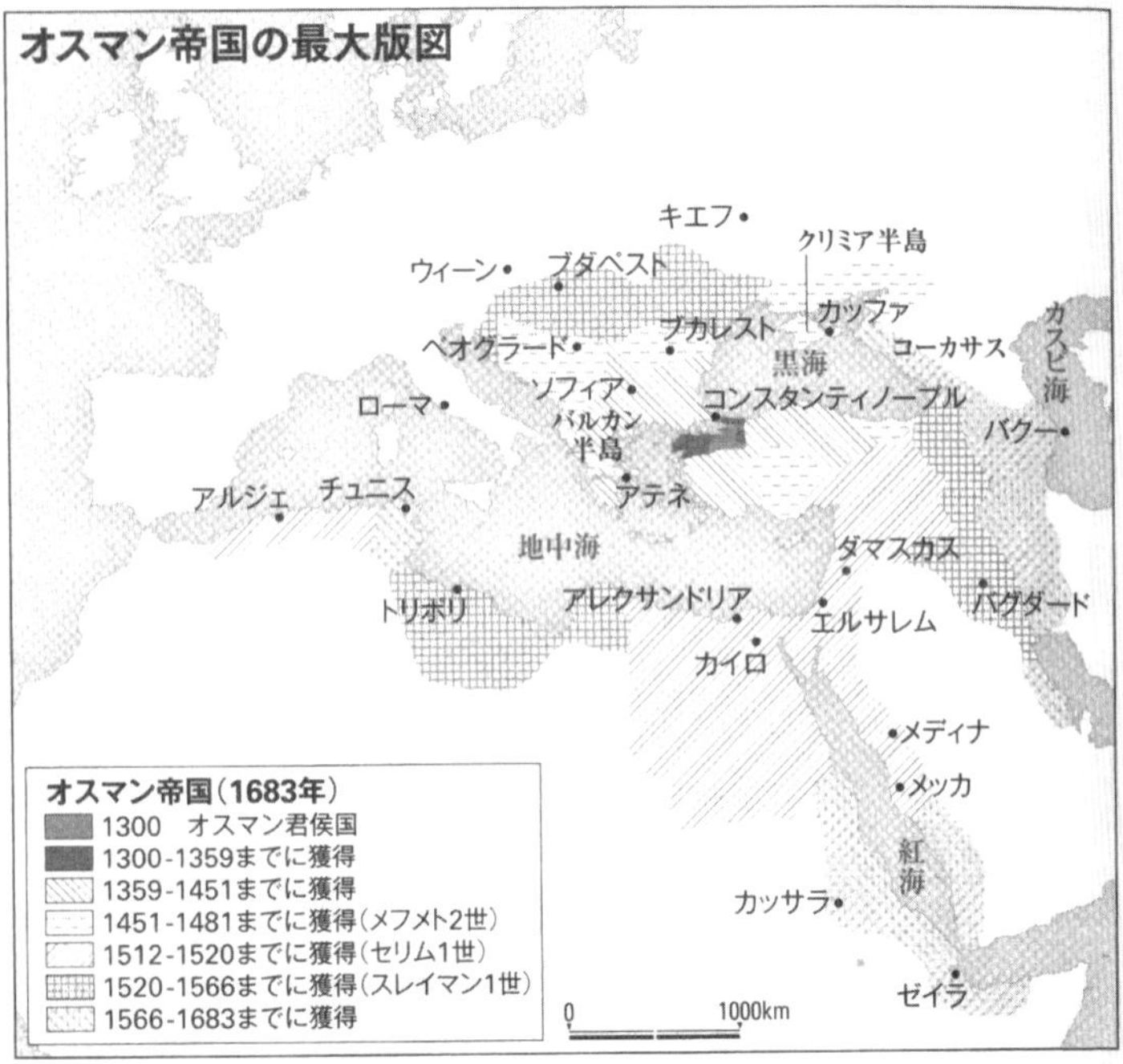

出所:『サイクス＝ピコ協定　百年の呪縛』、池内恵、新潮選書、2016年5月

ドイツと同盟を結んで第一次世界大戦を戦ったオスマン帝国は、折から戦略商品として重要視され始めた石油を大量に有すると信じられていたメソポタミアを版図に抱えていた。連合国側のイギリス・フランス・ロシアの3カ国は1916年に、第一次世界大戦に勝利したあと、オスマン帝国の領土をどのように分け合うかという協議を秘密裏に行い、有名な「サイクス＝ピコ協定」を締結していた。秘密協定だったが、1917年の革命によりロシアが戦線から離脱し、ボリシェヴィキ政権が同協定の存在を明らかに

図8　オスマン帝国の第一次世界大戦が始まった当時の領土

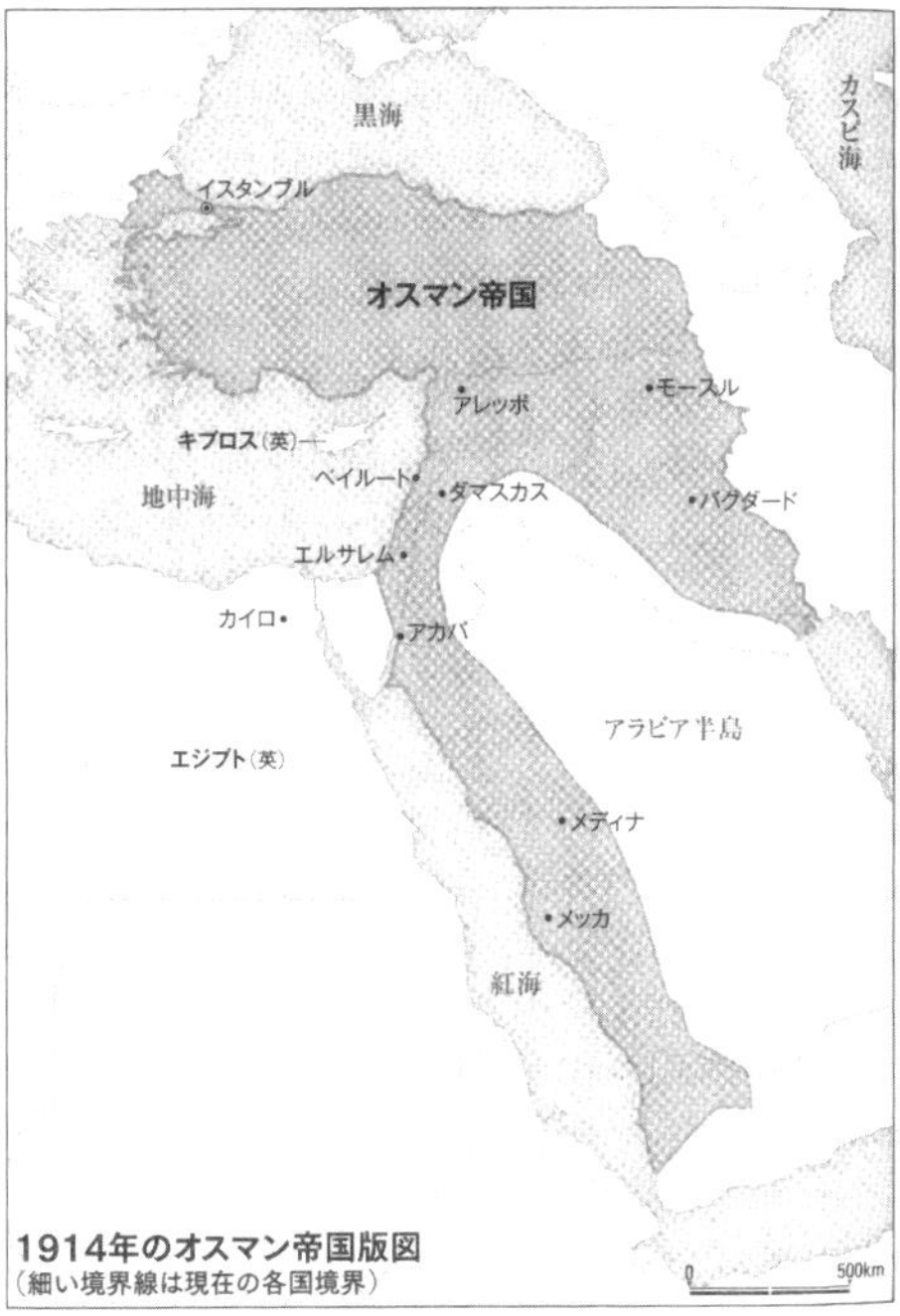

出所:『サイクス＝ピコ協定　百年の呪縛』、池内恵、新潮選書、2016年5月

したため世に知られることとなった。

終戦後の1920年、戦後処理のため連合国はオスマン帝国と「セーブル条約」を結んだ。だが、帝国を実質的に解体する内容だったため、トルコ民族のナショナリズムを刺激、ケマル・アタテュルクが先頭に立って独立戦争を起こし、トルコ領土を列強の分割から守ったのだった。「セーブル条約」は破棄され、独立したトルコ共和国は1923年、改めて「ローザンヌ条約」を締結した。

「サイクス＝ピコ協定」がそのまま実行に移されたわけで

はないが、イラクからパレスチナに広がる「肥沃な三日月地帯」の「国境線」は、このような過程を経て、欧州列強が自分たちの利害調整の結果として勝手に画定したのだ。

「百年の呪縛」という言葉は、東京大学先端科学技術センターの池内恵准教授の名著『サイクス＝ピコ協定　百年の呪縛』（新潮選書、２０１６年５月）により広まった。１００年前の第一次世界大戦の戦後処理が、いくつもの矛盾を放置したままだったことが今日の混迷の根底にあるのは事実だ。だから、中東情勢が「サイクス＝ピコ協定」を締結した１００年前の事情に似ている、いや中東は今、「百年の呪縛」に囚われているのだ、との認識もけっして間違いではない。

通販サイト「アマゾン」における同書の「内容紹介」に「今や中東の地は、ヨーロッパや世界への難民、テロを拡散する『蓋のないパンドラの箱』と化している」とあるように、ここ数年、シリア内戦および「イスラム国（ＩＳ）」が引き起こすテロと大量難民という悲劇により、人々の関心が中東に集っている。だが、「百年の呪縛」の本質は、シリア内戦が終結しても、「イスラム国（ＩＳ）」がこの世から消え失せたとしても、いくつかの根本的課題が未解決のまま残されていることにあるのだ。

例えば、イギリスの「三枚舌外交」により誕生したイスラエルの存在がある。

「三枚舌外交」とは、フランス・ロシアとアラブ分割を目指し、「サイクス＝ピコ協定」を締結したイギリスが、その一方でアラブ民族の独立を餌にオスマン帝国への反乱をそそのかした「フセイン＝マクマホン協定」と、イスラエル誕生を確約した「バルフォア宣言」という矛盾する３つの約束をほぼ同時期に行った外交政策を指す。

イスラエルは、パレスチナ人の住む土地に「ユダヤ人の郷土」として建国された。追われたパレスチナ人は、アラブ諸国の支援を得て、イスラエルとの抗争を今日に至るまで続けている。エジプトやシリアなどのアラブ諸国は、１９４８年以来、第一次オイルショックをもたらした１９７３年まで４度の中東戦争を戦っている。サウジも、戦闘にこそ直接は参加していないが、一貫してパレスチナの戦いを間接的に支援してきた。イスラエルこそがパレスチナを同胞とするアラブ全体の敵だったのである。

１９７８年のキャンプ・デービッド合意によりイスラエルとの和平に方向転換をしたエジプトは、それまでの４度の中東戦争をすべて先頭に立って戦ったにもかかわらず、以降、アラブ連盟からも追放され、中東の盟主としての地位から脱落した。ようやく１９９０年には復帰を許されたが、中東の盟主の地位は石油により豊かになったサウジが占めるようになっていた。

一方、中東に位置するもののアラブではないイランは、皇帝シャーの時代にはアメリカと密着し、アラブが禁輸措置をとっていた石油を秘密裏にイスラエルに供給していた。ところが、１９７９年にシャーを倒したイラン・イスラム共和国は、今度はアメリカとともにイスラエルを最大の悪魔として敵視している。

イランと対立するサウジは、「敵の敵は味方」だとしてイスラエルと手を組むのだろうか。

また、トルコ東部、シリア東北部、クルド自治区を含むイラク北部、アルメニアおよびイラン北西部などに広がって暮らしているクルド人の存在も忘れてはならない。オスマン帝国の時代には、クルド人が暮らすほぼ全域が帝国の版図内にあった。だが、オスマン帝国が解体された約

100年前の第一次世界大戦の戦後処理の際、約3000万人ともいわれるクルド人たちの存在はほぼ無視されていた。

1920年の「セーブル条約」では、欧州列強は共産ソ連の南下策に対する防波堤の役割を期待して、「アルメニア」とともに「クルディスタン」の独立を認めた。オスマン王朝は、一族の身の安全と財産を保証されることを条件に、トルコ領土はイスタンブールとアンカラ周辺に限定するという、苛酷な条件をも受諾したのだ。

だが、独立戦争を戦い、オスマン帝国に勝利したトルコ共和国は、新たに「ローザンヌ条約」を締結し、トルコ領内の「アルメニア」および「クルディスタン」の独立を拒否した。「アルメニア」は旧ペルシャ、のちに旧ロシア領内の地域のみで国家としての独立を達成したが、クルド人たちは、依然として国土を持たない最大民族として生存することを余儀なくされたのである。

その後、アメリカ主導の有志連合軍の攻撃によりフセイン・イラクが崩壊し、新生イラク共和国が2004年、連合暫定施政当局から統治権限の移譲を受け、2006年に新憲法が公布されるなかで「クルディスタン地域政府（Kurdistan Regional Government、以下、KRG）」として一定の自治権を持つ地域となった。だが、政治的決着であるだけに曖昧な部分が多く、例えば、中央政府が認めるKRG支配地域以外にもKRGが実効支配している地域、支配地域として主張している地域などが混在している。さらに石油収入の配分を巡って中央政府とKRGは何度となく争いを繰り返している。

シリア、イラク北部に勢力を拡大していた「イスラム国（ＩＳ）」との戦いにおいて成果をあげて存在をアピールしたＫＲＧは、中央政府との争いに決着をつけるかのように、２０１７年９月25日、独立の是非を問う住民投票を実施した。中央政府は何度となく「違憲で無効」と中止を呼びかけ、波及を恐れる周辺のトルコやイランも反対を表明した。既存秩序変更がもたらす悪影響を懸念するアメリカも国際連合も反対した。だが、ＫＲＧは投票を強行し、90％以上の「独立賛成」票を勝ち得た。しかし中央政府は、経済封鎖・領空封鎖の実力行使で押さえ込みに入り、ＫＲＧのバルザーニ議長は辞任を余儀なくされた。さらに同年11月20日、イラク最高裁判所は、この住民投票を違憲であり、結果は無効との判決を下した。

かくてＫＲＧ独立の動きはいったん停止となった。

だが、ＫＲＧ内もさることながら、シリアやトルコなどＫＲＧの領域外に他民族と混在しながら暮らすクルド人たちは、これらの動きをどう見ていたのだろうか？　今後、どのような展開を期待しているのだろうか。

果たして世界中のクルド人たちが、ユダヤ人にとっての「イスラエル」のように、我が郷土として「帰れる場所」が実現する日が来るのだろうか。

イスラエルやクルドの問題に加え、サウジとイランの地域覇権争いもまた大きな波乱要因だ。イランは、「シーア派の三日月地帯」とも呼ばれるイラクやシリア、レバノン、イエメンなどでも自国勢力の拡大を図っており、サウジとしては看過できない事態となっている。

一方、サウジは、トランプ大統領の誕生により、オバマ政権時代と異なり、米国の支持や支援が期待できるため、イランの進出を実力で押し返そうとしている。

この原稿を書いている２０１７年から２０１８年にかけても、事態は目まぐるしく変化している。

本章では、中東諸国が「百年の呪縛」といわれる、このような数多くの課題にどう立ち向かってゆくのか、石油を中心に考えてみたい。

二大産油国　サウド王家、イラン・アヤトラ支配は永遠か

中東の地域覇権を競っているサウジとイランとは、まったく異なった国家統治の形態をとっている。

サウジは、１７４４年の「ディルイーヤの盟約」により、厳格なイスラム教ワッハーブ派を保護することの見返りに、サウド家の世俗的支配の正統性を承認してもらったことを根拠としている。フランスの外交官にして優れた伝記作家であるジャック・ブノアメシャンの言葉を借りれば、「戦士は教義を求めており、説教者は剣を求めていた」（『砂漠の豹　イブン・サウド』、筑摩書房、１９６２年８月）のだ。

現在の第三次サウジ王朝になって、第５代ファハド国王の時代から、国王は「二聖モスクの守護者」の称号を使うようになった。建国以来サウジでは、一切の政治的権利を放棄し、国王に絶対忠誠を誓い、疑義を呈さずに服従する国民の生活を「揺りかごから墓場」まで王家が面倒をみるという「家産制福祉国家」として成り立っている。

一方のイランは、さまざまな王朝による専制支配から、1979年のイラン・イスラム革命により脱却して成立した「イラン・イスラム共和国」である。国民の選挙により大統領も国会議員も選出される制度を持つが、究極はアヤトラの称号を持つ宗教界の最高指導者により、「シャリア」と呼ばれるイスラム法に基づいて統治されている「祭政一致の神権国家」である。

両国に共通しているのは、国家経済を石油収入が支えているということである。

供給よりも先に需要がピークを迎えるという「新ピーク・オイル論」が定説となり、長期的に石油価格が右肩上がりで上昇していくことが期待できなくなっている環境下で、両国がどのように対応していくのか、非常に興味深い。

「最高指導者」という新たな重石

イラン・イスラム革命が発生した1979年、筆者は「三井物産」本店に勤務しており、イラン原油の輸入業務に携わっていた。旧体制派だとして追求、弾劾されることを恐れてロンドンに亡命していた元「イラン国営石油（NIOC：National Iranian Oil Company）」幹部を招いて、日本の石油会社幹部との懇親パーティーを開催したとき、元「NIOC」幹部が次のように発言していたことが今でも強く印象に残っている。

「我々イラン人は、長い間、シャーの下で暮らしてきた。そもそもイラン人というものは、上から重い石のようなもので押さえつけられていないと、自分勝手に振る舞い、国家としてまとまった行動はできない民族だ。シャーという重石がなくなった今、イランが国家としてまとまっていけるのかどうか、自分は非常に心配している」。

あれから39年、歴史を振り返れば、シャーに代わる「最高指導者」という新たな「重石」を得て、イランは国家として十分に機能してきているといえる。

100年前の両国は

前述したように、両国はまったく異なった統治形態を取っている。一見、両国とも揺るぎない統治を継続しているように見える。だが、この両国の統治形態は「永遠か」と問われたら、残念ながら「永遠」に続く「支配」はないと答えざるを得ない。如何に堅固に見える支配体制であっても、いつかは間違いなく大きな変化に見舞われる。

このことは、例えば、100年前の第一次世界大戦の末期、両国がどのような状態だったかを考えてみれば、容易に理解できるだろう。当時の両国の為政者たちは、100年たった今日の国家のありようを、想像すらしていなかったに違いない。

重要なのは、では将来どのような変化が起きるかを予測し得るか、だ。

そのためにも、両国の歴史を少々おさらいしておこう。

「サウド家のアラビア」

まず、サウジからみてみよう。

国名である「サウジアラビア」とは「サウド家のアラビア」という意味である。名は体を表すというが、この国名こそサウジの国体を物語っている。

　１００年前のサウジは、現在のサウジアラビア王国建国の父、イブン・サウドが各地の部族と戦いながら、政略結婚を繰り返し、次々と傘下に収めているところだった。記録が不備で、イブン・サウドが正式に何人の妻を娶ったのかは定かではないが、王位継承権のある息子の数は36人とされている。第2代サウド国王から現在の第7代サルマーン国王まで、国王は全員、「第二世代」と呼ばれる初代イブン・サウド国王の息子たちで占められている。

　１９９２年に制定された「サウジアラビアの統治基本法（以下、「基本法」）」第5条には「王国の統治は、建国の父アブドルアジーズ・ビン・アブドッラハマーン・アルファイサル・アールサウドの子および孫に委ねられるものとする。その中の最もふさわしいものがコーランとスンナの導きにより王位に就くものとする」（日本貿易振興機構リヤド事務所）と規定されている。

　注意しなければならないのは、「基本法」第1条に「（中略）憲法はコーランおよびスンナとする」と記載されているように、この「基本法」よりもコーランとスンナが優先することだ。コーランとスンナの解釈については聖職者に拠らねばならぬが、いずれにせよ、建国の父イブン・サウドの血を引くもの以外が国王となることはあり得ないことになっている。

　なお、コーランとはイスラム教の聖典で、預言者ムハンマドに対し神が下された啓示であり、スンナとは預言者ムハンマドの言行のことである。

石油が可能にした「家産制福祉国家」

サウジの建国は１９３２年。イブン・サウドは、国家を統一するという政治面では成功したものの、財政的には困窮していた。１９２９年に始まった世界大恐慌の影響で、最大の収入源である聖地メッカ、メディナへの巡礼者数が激減していたからだ。

国家統治の正統性は、今も同じだが、前述したように第一次サウド王朝時の１７４４年の「ディルイーヤの盟約」に基づいている。当時は有力者の娘たちとの婚姻により各部族と血縁関係を結び、部族の長に補助金を出すことにより支配統治を維持していた。統治を維持するためには、いつの世も財源が必要だ。

そのころ中東では石油の発見が続いていた。１９０８年にペルシャ（現在のイラン）でスレイマン油田が発見され、１９２７年にはメソポタミア（現在のイラク）でババ・ガーガー大油田が発見された。バーレーンでも１９３２年にジャバル・ドゥハーンで油田が掘り当てられた。

バーレーンでの成功は、地質的につながっていると考えられる対岸、サウジ東部アルハサ地方での石油への期待を大いにかき立てた。

ダニエル・ヤーギンの『石油の世紀』によれば、イブン・サウドは「外国資本と、その技術者は、伝統的な価値観や人間関係を混乱させ、多分に破壊させもするとしか思っていなかった」ため、石油利権を外国資本に供与することには消極的だった。だが、背に腹は変えられず、ついに１９３３年、初年度利権料５０００英ポンドおよび借款３万英ポンド、合計３万５０００ポンド（17万５０００米ドル）を「金貨」で支払うことを条件に、「ソーカル（Standard Oil of

California、現在の「シェブロン」)」に石油利権を供与したのだった。

バーレーンの利権契約を獲得し、石油を発見したのも「ソーカル」だった。

当時は前述した「赤線協定」があり、アメリカ大手の「エクソン」や「モービル」、あるいはイギリスの「ＢＰ」やイギリス・オランダの「シェル」など「イラク石油」の株主は、バーレーンやサウジでは勝手には動けなかった。また彼らは、イランおよびイラクでの大油田発見により世界的に供給過剰だと判断しており、新規案件には消極的だった。「ソーカル」など他社が取り組むことにも反対しており、成功しなかったが、陰で本件を潰す工作活動も行った。

これが「トルコ石油」の株主ではなかった「ソーカル」が進出した背景にある事情だ。

この利権契約は１９９３年までの60年間有効で、サウジ全土の半分近い約90万平方キロ（日本国土の約２・４倍）を独占的に掘削、開発、生産できる権利を約束したものだった。

また利権料率より一時金の支払いが大きいことからもわかるように、イブン・サウドは、石油がもたらすかもしれない将来の利益より、目の前の現金を求めて利権を供与したのだ。

一方、石油を求めて探鉱を開始した「ソーカル」の作業は難航を極めた。掘削開始から3年、あきらめかけていた１９３８年になってようやくダンマン油田を掘り当てたのだった。

本格的な開発は「赤線協定」が廃止された第二次世界大戦後から始まったが、１９７３年のオイルショックによる価格高騰もあり、石油開発の成功が国家の財政を潤し、サウジの「家産制福祉国家」を今日まで成り立たせてきたのである。

神に選ばれし王の響宴

かたやイランの歴史はどうか。

１９７１年10月、イラン南西部の街シラーズ郊外のペルセポリスで世紀の大祝宴が開催された。イラン皇帝シャーが、キュロス二世によるアケメネス朝ペルシャ帝国の建国２５００年を祝い、自らを「キュロス大王の後継者、神に選ばれた王」であることを内外に宣言したのだった。世界各地から国王、首長を20人、女王５人、大統領14人、副大統領３人など各国のリーダーを６００人以上招き、本店を２週間休業してシェフをはじめ１６５人のスタッフを送り込んだレストラン「マキシム・ド・パリ」による豪華絢爛たる食事でもてなした。１９５９年産のドン・ペリニョンで乾杯したあとは２万５０００本のフレンチワインが来賓を満足せしめた。なお、日本からは三笠宮殿下御夫妻が参加されていた。

石油収入が20億ドル程度の年に、1億ドルとも2億ドルともいわれる費用を費やしたこの世紀の大響宴の会場は、２０００年以上も放置されていたアケメネス朝ペルシャ帝国の首都ペレスポリスの地に、パリのデザイン会社が設計・デザインし、新たに設営したものだ。中央には大噴水を配置、周囲には植林を施し、一見、緑の大地の真っ只中に見えた。そして来訪者をもてなすため、プレハブ住宅を黄金のテントで包み込んだ「テントシティ」が設えられたのだった。

招待されたものの、イギリスのエリザベス女王やアメリカのニクソン大統領、フランスのポンピドー大統領が欠席し、それぞれ代理を送り込んだところに微妙な国際的な力関係が垣間見られるが、折から石油需給がタイト化しており、ＯＰＥＣが攻勢を強めている中での式典であり、シャーにとっても栄華の頂点にそそり立ったときだった。

エジプトで失意のうちに客死

シャーには、万感胸に迫るものがあったことだろう。なぜなら、自らは22歳のときにイギリスにより祭り上げられた傀儡の皇帝としてスタートしたからだ。

コサック兵だった父レザー・ハーンが、第一次世界大戦直後の1921年にクーデターを起こしてカジャール朝を倒し、自らが皇帝に即位してパーレビ朝を興したのが1925年。だが、第二次世界大戦が始まると、第一次世界大戦のときと同じように、北からソ連が、南からイギリスが進駐し、南北を分け合うように占領されてしまった。さらにイギリス政府は1941年、イギリスやソ連に対抗すべくナチス・ドイツに靡いていた皇帝レザー・ハーンを退位させ、まだ若く、経験不足で気弱な、22歳のムハンマド・レザー・シャーを皇帝に祭り上げたのだった。

あれから30年。

石油がシャーに力を与えていた。

第三次中東戦争の翌年、1968年にイギリスが3年後の「スエズ以東」からの撤退を宣言し、ペルシャ湾内のイギリス保護領であったバーレーンやカタール、オマーン、アラブ首長国連邦（UAE）が1971年に相次いで独立した。イギリス撤退により空白が生じたペルシャ湾に共産ソ連が南下するのを恐れたアメリカは、サウジとともにイランを自らの地域「代理人」とする「二柱政策（Twin Pillars Policy）」を打ち出し、イランのシャーに「ペルシャ湾の憲兵」としての役割を期待し、応分の支援を行っていた。

さらに1973年のオイルショックにより石油収入は激増した。

シャーは自らの力を過信していた。

そして1979年1月、イラン・イスラム革命によりシャーは亡命を余儀なくされ、翌1980年8月、エジプトで失意のうちに客死した。

パリから凱旋して「最高指導者」に

1979年2月にパリから凱旋帰国したイラン・イスラム革命の父ホメイニ師は、「ヴェラーヤテ・ファギーフ（法学者の統治）」を確立し、「最高指導者」となった。「イスラム革命の輸出」を唱導したが、イラクのフセイン政権に攻め込まれ、8年に及ぶイラン・イラク戦争を戦うことになった。戦争終結の翌年の1989年にホメイニ師が逝去すると、「イスラム革命輸出」の声は表向き小さくなった。だが、イラン国内では、1979年から40年近くになる今日も「最高指導者」による統治の絶対性は崩されていない。

イラン・イスラム革命後に生まれた国民の数は7割を超えている。現在の統治スタイルとなった以降に生まれた人がもはや圧倒的多数派なのだ。

焦点は、ホメイニ師のあとを継いだハメネイ師（1939年7月生まれ）の後継者として、新しい「最高指導者」に誰がなるのか、という点に移っている。

2017年5月、2期目の当選を果たしたロウハニ大統領が任期を終える2021年までにハメネイ師が逝去された場合、ロウハニ師があとを継ぐのであろうか。

あるいは2018年5月、アメリカのトランプ大統領がイランとの「核合意」から離脱して「体制変更（レジームチェンジ）」を要求し始めたことが影響して、保守強硬派路線の「最高指導者」が出現するのだろうか。

このような歴史を踏まえ将来を予測すると、サウジもイランも、現行の統治体制は近い将来、大きな修正を余儀なくされるとみるのが妥当だろう。

人口増がサウジを変える

結論をいえば、サウジは、人口増の圧力から、「揺りかごから墓場まで」の「家産制福祉国家」を維持することはできないと思われる。国民にこれまでと同じ満足を与えられるだけの石油収入の伸びを期待できず、代替の収入源確保も容易ではないからだ。

パリ協定に代表される地球温暖化への政策的対応と、シェール革命による非在来型石油生産の拡大により、かつての「ピーク・オイル論」は姿を消した。世の中に存在するものはいつかなくなる、とのわかりやすい考え方にも裏打ちされて、石油供給が近い将来「ピーク」を迎えるという「ピーク・オイル論」は長い間、支持されていた。だが、今では「新ピーク・オイル論」、すなわち「供給」よりも先に「需要」が「ピーク」を迎えるという考え方が定説となっている。したがって、100ドル時代の再来と、そのあと再び右肩上がりで上昇することは望むべくもなくなっている。

価格は上がらず、需要が近い将来「ピーク」を迎えるとすれば、石油収入に頼った国家運営ができなくなるのは明らかだ。

このような状況下、彗星のように権力の中央に躍り出たサウジのムハンマド・ビン・サルマーン副皇太子（当時）は、脱石油経済体制への脱却を目指す「サウジアラビア　ビジョン２０３０（以下、「ビジョン２０３０」）」を２０１６年４月に発表した。

脱石油は、過去にも石油価格が下落するたびに、何度となく政府方針として謳われた。だが、石油価格が上昇すると、いつも忘れ去れてきた。

だが、今回は第三世代（イブン・サウド初代国王の孫世代）の表舞台への登場によって打ち出されたところに新味がある。従来の「王族長老によるコンセンサス統治」を脱却しようとしているだけに、今回は過去とは違う、というわけだ。

今回はうまくゆくのだろうか。

ここで、まずサウジの現況を紹介しておこう。

コンセンサスから独裁へ

サルマーン第７代国王が２０１５年１月に即位すると、愛息ムハンマド・ビン・サルマーン王子を自らの後継者とすべく、着々と引き上げ始めた。

即位したサルマーン国王は、まず後任の皇太子にムクリン副皇太子を、副皇太子として甥のムハンマド・ビン・ナーイフ王子を任命した。初めての第三世代の副皇太子の誕生である。同時に愛息ムハンマド・ビン・サルマーン王子を自らの後任の国防大臣に任命し、さらに国家経済の核である国営石油「サウジアラムコ」の会長および経済運営全般を取り仕切る新設の経済開発会議議長にも就かせた。

なお、このころから、リヤドの外交筋は2人のムハンマド王子を区別するべく、ムハンマド・ビン・ナーイフ王子を「MBN」、ムハンマド・ビン・サルマーン王子を「MBS」と呼んでいると、欧米主力メディアは伝え始めていた。本書でも便宜上、適宜MBN、MBSと表記する。

サルマーン国王はまず、第二世代の異母兄弟の中で、壮健で最年少のムクリン王子を副皇太子から皇太子に昇格させ、第三世代の中では比較的年長で、長い間、内務大臣を務め、テロ対策を含め国内治安の責任者として欧米の治安維持関係者の間でも評判の高いMBN内務相を副皇太子に据えた。皇太子に加え、副皇太子をあらかじめ任命するやり方は、将来の王族内不和を防ぐべく敷いた、前アブドッラー国王の路線を引き継いだものだ。この時点では、サルマーン国王もこれまでどおり王族内コンセンサスを大切にする政策を踏襲するものと評価されていた。

だが、3カ月後の2015年4月になると、サルマーン国王はムクリン皇太子を更迭し、甥のMBN副皇太子を皇太子に昇格させ、愛息MBS王子を国防大臣など兼務のまま副皇太子に任命した。サウジはMBS国防大臣指揮のもと同年3月末にイエメン内戦に介入し、大規模な空爆を開始していたが、この政策を巡り、イエメン出身の母を持つムクリン皇太子との間に確執があったのではとの憶測もあったが、実情は明らかではない。

皇太子に昇格したMBNの父、故・ナーイフ元皇太子も、サルマーン国王と母を同じとする

「スデイリ・セブン」と呼ばれる７人兄弟のひとりだった。したがって、この人事は、「スデイリ・セブン」を偏重するためにムクリンを外したと評価する向きが多かった。アブドッラー前国王の路線を少々引き曲げるものだ。

また、ＭＢＮ皇太子には男児がいないことから、将来スムーズにＭＢＳを国王にするための布石だろう、とも欧米のサウジ・ウオッチャーからはみられていた。

ところが、サルマーン国王の深謀遠慮は、ここで留まってはいなかった。

それから2年2カ月後の２０１７年６月、国王は突然ＭＢＮ皇太子を更迭し、副皇太子だったＭＢＳを皇太子に昇格させた。後任の副皇太子は任命していない。これは、アブドッラー路線の完全否定である。

この突然の解任劇は、欧米メディアが「宮廷内クーデター」と称するほどの衝撃的な事件だった。

ＭＢＮは皇太子職を剥奪されただけでなく、父の代から数十年間にわたり支配してきた国内治安部門である内務省のトップからも外された。一部報道では、その後、「軟禁」されているとも伝えられている。

まだ、続きがある。

さらにＭＢＳ皇太子は、就任してから4カ月半後の２０１７年11月初旬、「腐敗撲滅」を理由とし、２００人以上の王子や大臣、経済界の重鎮を拘束し、「国家から盗んだ」資産の返却を条件に多くの「容疑者」を釈放した。

世界を驚かせたのは、拘束された王族として、大富豪であり、アメリカの著名な投資家をもじって「アラビアのバフェット」と呼ばれるタラール王子に加え、アブドッラー前国王の息子で国家警備隊のトップであるムトイブ王子が含まれていたことだ。国家警備隊は、国軍と同程度の戦闘能力を持つといわれており、長い間、アブドッラー一族が支配してきたところだ。国家警備隊とは、国軍が強くなり過ぎると王制打倒のクーデターを起こすリスクを抱えることから、別途、地方部族を中心としてつくり上げられていた組織である。

ＭＢＳ皇太子は、これで国軍、警察治安当局および国家警備隊と、国家が持つすべての〝暴力装置〟を支配下に置いたことになる。

２０１６年８月に来日したこともあるムハンマド皇太子（ＭＢＳ）は、１９８５年８月生まれの32歳。彼がサルマーン国王のあとを継ぐことはもはや揺るがすことのできない規定路線だ。若い彼が国王になると、即位後、数十年間は統治し続けるものと予想される。本人も、３週間にわたる訪米初日の前日である２０１８年３月18日に放映された、アメリカの全国ネットのテレビ局ＣＢＳの人気番組『60ミニッツ』のインタビューで、「死が歩みを止める」まで向こう数十年間は王位にあるだろう、と答えている（『CBS 60 minutes: Saudi Arabia's heir to the throne talks to 60 minutes』）。

また、ムハンマド皇太子が国王として即位するとき、彼より若い王子を皇太子に指名すると、多くの年長王子たちがどう反応するか、という問題も内包していることにも注意が必要だろう。

このように、サルマーン国王就任後のＭＢＳへの権力集中は、王族内コンセンサスに基づいて統治するという、建国以来のサウド家の伝統をぶち壊すものだった。結果として、サウジアラビア（サウド家のアラビア）王国はサルマーニアラビア（サルマーン家のアラビア）王国に変質するのであろうか。

「ビジョン２０３０」の成否を占う「サウジアラムコ」のＩＰＯ

繰り返しになるが、父君サルマーン国王の差配により、国防およびすべての経済政策の責任者となったＭＢＳ副皇太子（当時）は、２０１６年４月、２０３０年までに石油に依存した経済から脱却した経済体制を確立することを目標とする「ビジョン２０３０」を打ち出した。非石油経済の拡大と豊富な資金を使って投資立国に変革するという、地域大国にふさわしい壮大な、極めて野心的なビジョンだ。

ＭＢＳは、その第一歩として国営石油「サウジアラムコ（以下、「アラムコ」）」の5％を新規株式公開（ＩＰＯ）する方針を打ち出した。「アラムコ」の企業価値を2兆ドルと評価し、５％で１０００億ドルの資金調達を行い、「Public Investment Fund＝公共投資基金」を拡充することで非石油部門への投資資金を確保する狙いだ。脱石油経済実現の鍵として、アブダビやドバイのような投資立国の絵姿を思い描いているようだ。

だが、上場予定は延期を繰り返しており、２０１９年にずれ込むのでは、との観測が有力になっている。

２兆ドルという企業価値については、専門家の間には過大評価だとの指摘が根強いが、いずれにせよ規模の大きさから、サウジ国内市場だけでは対応できず、海外での上場が必須だ。なかでも、ニューヨークやロンドンが有力視されている。だが、国家そのものと密接に絡み合っている「アラムコ」の実態について、海外証券取引所が要求するような情報開示をどこまでできるのだろうか、という疑問が生じている。一説には、準備作業はほぼ完了しているものの、政治決断ができない状態にあるともいわれる。

また、石油価格が回復して「アラムコ」の企業価値が「2兆ドル」の評価となるタイミングをMBSは待っているのだ、とも伝えられている。

情報開示に加え、アメリカにはさらに2016年9月に成立した「テロ支援者制裁法、JASTA：Justice Against Sponsors of Terrorist Act」の問題がある。この法律に基づき2001年の同時多発テロの被害者およびその家族はサウジ政府を提訴できることになっている。「アラムコ」が上場されれば、「アラムコ」に対する提訴がなされるのは確実で、サウジとしては対応に苦慮する問題を抱えることになる。

「痛み」を伴うサウジ社会の大改革

このように「アラムコ」IPOは、今後どのような展開をみせるのか予断を許さない。いずれにせよ、必要な資金が調達できて投資立国が可能となり、配当収入で国家財政が賄えるようになるとしても、時間がかかるのは明白だ。

それまでの期間、どこまで石油以外からの収入増を図り、支出減を実現するドラスチックな方策をとれるだろうか。

大幅な収入増加策は、国民に新たな税を課すことしかない。

２０１８年１月から５％の付加価値税を導入したが、これだけで十分なはずがない。２０１８年の国家予算は、５２０億ドルの赤字を見込んでいる。個人所得税や相続税などの構想はまだない。

また支出削減は、補助金削減が中心だ。軍事費が減る気配はない。

すでにガソリンや電気・水などへの補助金削減を行い、公務員の福利厚生の引き下げを図ったものの国民の不満が景気の足を引っ張ったため、別の補助金を供与したり、福利厚生引き下げの撤廃などの対応を余儀なくされている。

いずれにせよ「揺りかごから墓場まで」の福祉に慣れ親しんだ一般国民には、「痛み」の伴う常識の大転換が要求される。

この「痛み」は、政治的権利との引換でなければ、一般国民は許容できないだろう。サウジ国民も、アメリカ独立戦争（１７７５〜１７８３年）時のスローガンのひとつである「代表なくして課税なし」を求めるのではなかろうか。

ＭＢＳの大胆な改造計画は、人口の大半を占める若者たちの強い支持を得ていると報じられている。だが、政治的権利のない若者たちの支持なるものは、いったん「痛み」を感じたとたんに雲散霧消してしまうのではないだろうか。サウジ国民の支持なるものを、民主主義国家のものと同列に論ずることはできないだろう。

目先の動きもさることながら、筆者は、第一次オイルショックが起こった１９７３年当時、数百万人だったサウジの人口が３０００万人強（いわゆる「３Ｋ」を含む経済活動の実態を支えている非サウジの人口である約１０００万人を含む）に増えていることと、サウド家の王子が少なくとも数千人以上いることから、如何に国庫収入を増やそうとも、現在と同じような福利厚生を国民に、王子たちに、施し続けることはできないと判断している。

例えば、人口増と膨大な補助金を主因として、急増している石油消費が一例だ。

第一次オイルショックが起こった１９７３年、サウジの消費量は46万６０００ＢＤだったが、２０１６年には３９０万６０００ＢＤへと8・4倍に増加している。同期間、世界全体の消費量は５５５６万３０００ＢＤから９６５５万８０００ＢＤと1・7倍に増えているが、日本は逆に５２６万５０００ＢＤから４０３万７０００ＢＤへと減少している（「ＢＰ統計集２０１７」）。補助金の支えもあり、如何にサウジの石油消費量が急増しているかがわかるだろう。

いつの日かサウジは、輸出余力を失い、石油の純輸入国になるとの予測すら出現する事態なのだ（「Burning oil to keep cool: The hidden energy crisis in Saudi Arabia」Glada Lahn & Paul Stevenes, The Royal Institute for International Affairs, December 2011）。

石油輸出収入がゼロになったら、サウジが国家として成り立つはずがない。

ゼロにならなくても、歳出を賄うだけの歳入を期待できなくなるのは必至なので、必ずや「痛み」を伴う大改革が必要だ。

1日に1時間しか働かない公務員

最大の「痛み」は、これまでの常識をぶち壊すことから生まれるものだ。

自らの人生は、国王の御慈悲の下にあるのではない、自らの責任と権利に基づいて、自らの才覚で切り開いていかなければならないのだと、国民の一人ひとりが身に沁みて感ずるようになる必要がある。労働人口の7割が、1日に1時間しか働かないとサウジの担当大臣が語っている（「サウジの公務員、勤務は1日1時間？　閣僚がテレビで発言」2016年10月21日付CNN）。公務員から、労働時間も長く、給与水準も低い民間企業へ労働人口が移動するには、根本的な意識改革こそ、最も大事なことではなかろうか。

これは、社会システム全般の変革と密接に結びついている。

例えば、イスラム教に3分の1、アラビア語に3分の1、残りの3分の1で他のすべての教科を教えるという、初等教育カリキュラムの改善がまずは要求されるだろう。

また、女性に自動車運転免許を許与するという点が喧伝されているが、根本に横たわるガーディアンシップ（女性が外部で行動するには、父親、夫、あるいは兄弟など男性保護者の許可がいる、という仕組み）の改善が必須だが、イスラムの教えとの整合性をどのように設えるのか、難しい問題がある。

大胆に予測するならば、おそらく、この意識改革の過程でサウジ国民には、ソ連崩壊後のロシアが歩んだ道に似た混沌と驚愕とが待ち受けていることだろう。

ムハンマド・ビン・サルマーン「国王」の治世は果たして何年続くことになるのだろうか？

革命から40年

次にイランの現状をみてみよう。

皇帝シャーが国外に逃れてホメイニ師がペルシャの大地に舞い戻り、イラン・イスラム革命が成就してからほぼ40年が経過した。イスラム国家としての国民精神を強固なものにしたイラン・イラク戦争の終結からも30年が経っている。

革命の前後を通して、一貫してイランの国家経済を支えているのが石油である事実は不変だ。革命前の600万BDには及ばないが、いわゆる「核合意」により、2017年春から原油生産は上向き、制裁中と比べると100万BD以上増加し、400万BD程度にまで回復している。だが、2018年5月、アメリカのトランプ大統領が「イランとの核合意」からの離脱し、再び経済制裁を課すとの方針を打ち出したため、2018年末より原油輸出が減少すると見込まれている。「イランとの核合意」を維持する方針のヨーロッパ勢や、漁夫の利を得んとする中国やロシアがどう対応するのか、まだ不透明な部分が残っている。

いずれにせよ、今後も原油生産量と価格の動向がイランの国家経済に大きな影響をもたらす構図は不変だ。

政治的意思表示をする術を持つイラン国民

現在の人口構成を見ると、革命後に生まれた39歳未満が70%を超えている。国民の大半は、革命もイラクとの戦争も実体験ではなく、いわば歴史として学んだものとなっているのだ。

図9　イランの統治体制

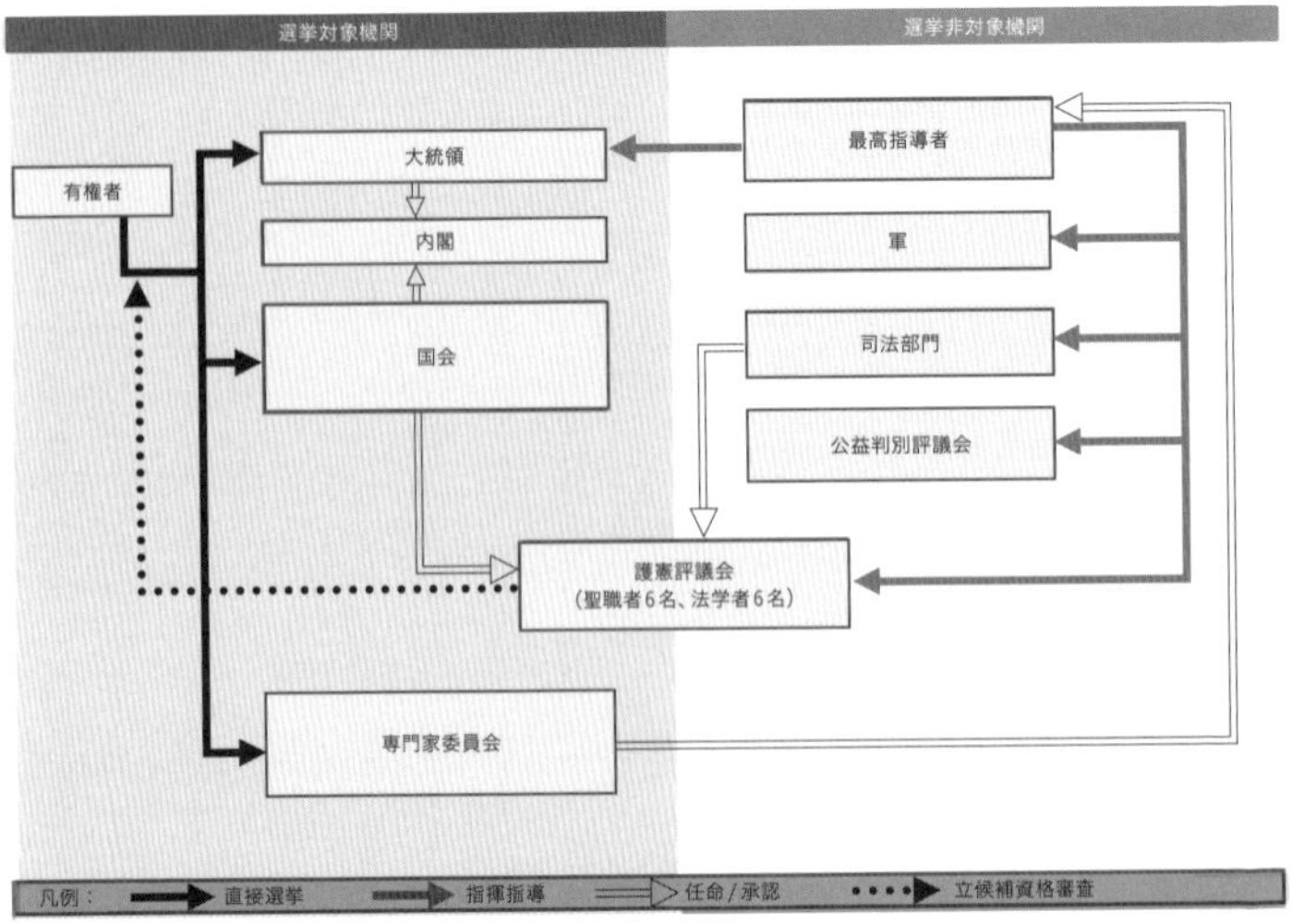

出所：筆者作成

サウジとの大きな違いは、イラン国民は「政治的意思表示」をする経験を積んでいることだろう。

イランにおける最初の議会選挙は、カジャール朝時代の1906年、王朝の専制に反対し、憲法と議会の制定を求めて行われた立憲革命当時にまで遡る。女性に参政権が与えられたのは1963年で、当時、アメリカのケネディ政権の「勧告」に応じる形でシャーが始めた「白色革命」の時代だ。

選挙制度は革命後も存続しており、大統領も国会議員も国民が選挙で選ぶことになっている。4年に一度の選挙で、誰が大統領になるのか、国会議員として選ばれるのかには民意がある程度反映しているといえる。

だが、宗教界が牛耳っている護憲評議会(Guardian Council)が、大統領選および国会議員選挙において望ましからぬ人物の立候補を撥ねつける被選挙者資格認定の仕組みを維持していることと、国会における立法が憲法に合致しているかどうかの判断権を保持していること、これらを通じ、何はともあれ最高指導者の意向に沿わない政策は、一切実行できない仕組みが神権政治を支えているのである。

これまでと異なる反政府デモ

２０１７年春の総選挙では、欧米との核協議を成功させたロウハニ大統領を支持する勢力が過半数を占めた。前年夏に「核合意」を達成し、選挙直前から経済制裁が解除され、原油生産は上向き始めていた。対欧米緊張緩和路線が国民の支持を得ているとみなし得る結果だった。

だが、２０１７年末、これまでとは異なった反政府デモが発生した。

これまでの反政府デモは、概ね首都テヘランの学生や知識層が主体となったものだった。例えば、前回の大規模な反政府デモは、２００９年の不正選挙に対する抗議行動で、テヘランでは数十万人規模のデモが行われた。デモ隊に対する警察の発砲などにより政府側の発表でも死者は10人に上った。

だが、今回のデモは、テヘランではなく在住外国人の少ない地方都市で発生した。さらにイラン政府が厳しい情報統制を行ったため、海外からは、正確な実態は把握しにくい状況だった。

現地在住の、筆者の若い友人によれば、外国人ジャーナリストがテヘランから市外に出る場合は特別許可を得る必要があるが、政治問題に絡んだ取材絡みでは一切許可が下りないそうだ。

「国境なき記者団」が発表している全世界１８０カ国の報道の自由度ランキング（２０１８年度）によると、サウジが１６９位、イランが１６４位となっているが、今回のような事件は、現地のイラン人が外国にいる友人・知人などに何がしかの形で伝えることなどの方法でしか表に出てこないようだ（ちなみに、日本は67位、アメリカは45位。最下位の１８０位は北朝鮮）。

伝えられるところによると、２０１７年12月28日、イラン北東部の第二の都市マシュハドで「物価上昇」に反対するデモが始まり、瞬く間に他の地方都市に波及した。だが、政府の厳しい締めつけもあり、首都テヘランでは小規模の反政府デモしか発生しなかった。またイラン全土での関連死者は10名以上と報じられている。

抗議内容は、物価上昇など経済状況に対する不満から始まり、政治犯の釈放や警察暴力の停止要求などに波及し、さらにはロウハニ政権の失政に留まらず、最高指導者や社会全般を支配している聖職者への批判まで飛び出した。特に最高指導者および聖職者への批判が地方都市でも声高に叫ばれたことは、革命後40年、社会の隅々にまで宗教的締めつけが厳しく及んでいる一方で、聖職者に近い革命防衛隊と、その取り巻き連中が特権を享受していることへの不満が全国的に積もり積もっていることの現れと思われる。

前述したように、現在の国民の70％以上が39歳以下、革命後に生まれた世代だ。彼らは、シャー帝政時代のサバク（秘密警察）による社会的窒息感を知らず、イラクとの8年間にわたる戦争中の少年義勇兵の活躍も「歴史」として知っているだけだ。彼らの世代にとっては、経済状況の改善が最優先課題だろう。だから、「核合意」に達し、欧米の経済制裁が解除されたにもかかわらず生活が楽にならないのは、政府の経済政策に問題があるとして不満が爆発したものと思われる。その一方で、シリアやレバノン、イラク、あるいはイエメンの親イラン勢力への支援に国家予算を使い過ぎているのではないか、また、シーア派の教義を世界に広めるためにも資金を使い過ぎているのではないか、一方で聖職者に近い革命防衛隊と、その取り巻き連中が経済的に恵まれた環境にあるのは不公平だ、との批判が高まったものと思われる。

「体制変更」にはつながらない

だが、サウジと異なり国民が自らの政治意思表示をする術があるイランでは、これがトランプ政権の望む「体制変更（regime change）」につながる可能性は皆無だろう。限定的とはいえ、選挙の仕組みは１００年以上の歴史がある。投票するだけでなく、政治デモに参加する方法もある。いわば〝ガス抜き装置〟があるのだ。

したがって為政者たちは、これら国民の政治行動に表れる「意思」を踏まえつつ、政治の舵取りをしていくことで対応してゆくことになるだろう。

その観点から考えると、イランにおける次の焦点は、宗教上の最高指導者であるハメネイ師の後継者問題と思われる。

ハメネイ師は、建国の父ホメイニ師の逝去に伴い１９８９年に就任してから30年近くこの地位にある。１９３９年生まれのハメネイ師はすでに79歳と高齢であり、後継者に席を譲る時期が近い将来やってくる。

そのとき、前掲の図9に示したように、宗教上の最高指導者にすべての権限が集中している現行の統治形態に修正が加えられる可能性が高いのではないだろうか。

ホメイニ師逝去の際、後任の最高指導者として「大アヤトラ」ではなかったハメネイ師が就任できるように、憲法上の「大アヤトラに限る」という条件を変えたという柔軟性を持つイランである。十分に想定できる展開ではなかろうか。

サウジの「脱石油化」の試み

前述したとおり、サウジは2016年4月、「ビジョン2030」を発表し、脱石油経済への脱皮方針を声高らかに宣言した。2030年までに石油に頼らない経済体制確立を目指すというのだ。

サウジは石油大国だ。シェールオイルやオイルサンド、あるいはベネズエラの超重質油など、「非在来型」と呼ばれるものとは別の、在来型としては世界最大の石油埋蔵量を持ち、アメリカやロシアと世界一の石油生産量を競っている。そして、石油価格の変動を制御するために必要な余剰生産能力を200万BDほど保持している。これは、他の国にはない能力だ。

2014年夏、いま思えば石油価格が直近のピークを迎えていたころ、米国のケリー国務長官（当時）がサウジを訪問し、「イスラム国（IS）」支配地域への空爆を始めるが、石油価格が急騰しないように必要に応じ増産してほしい、と頼み込んだ。皮肉なことに、空爆を継続している、その年の年末から予想以上の価格下落が始まり、その後、サウジは例年財政赤字を余儀なくされている。ＩＭＦの最新の報告でも、財政赤字解消は２０２３年と予測されている。

このような情勢のなか、権力の中枢に座りつつあったＭＢＳ現皇太子（当時、副皇太子）が、サウジは石油に依存していては将来国家運営が成り立たなくなることを強く認識し、イニシアチブを発揮した現れが「ビジョン２０３０」である。アメリカのコンサルタント会社「マッキンゼー」の分析が下敷きとなっている。したがって、サウジの歴史や文化などについての理解が不足しており、経済改革だけならいざ知らず、全般的な国家改造計画としては無理がある、との評価もある。

さて、サウジの脱石油化は成功するだろうか？

サウジの将来を考える一方策として、脱石油化に成功し、今や中東における金融や貿易のセンターとなったドバイの歩みを振り返ってみよう。

ドバイは発展の成功例

ドバイは、アラブ首長国連邦（ＵＡＥ：United Arab Emirates）を構成する首長国である。

現在のドバイ国一帯は長い間、デーツの採取や羊・ラクダの放牧を生業とするベドウィンが主に暮らす地であった。１８５３年にイギリスの保護領となり、東インドへの中継地としての地位を高めていった。沖合では真珠の採取も行われていたが、20世紀初頭、ミキモトパールで有名な御木本幸吉が養殖に成功した結果、天然真珠の採取事業は壊滅状態となってしまった。

他国に遅れはしたがドバイは、１９６６年に沖合１００キロのところで油田を発見し、

1969年に初の原油輸出に成功した。それ以来、ドバイは同じ湾岸の、バーレーンやクウェート、サウジ、アブダビ、カタールなどのあとを追って産油国になり、1973年のオイルショック以降、膨大な石油収入を背景に発展していった。

宗主国であるイギリスが1971年「スエズより東」から撤退したため、ドバイは、アブダビやシャルジャなど7つの首長国をメンバーとするUAEの一員として独立した。他の湾岸諸国同様、現在も世襲制の絶対君主制の国である。

UAEの中ではアブダビが最大で、元首である大統領はアブダビの首長ナヒヤーン家の長が務めている。アブダビに次ぐ国力を持つドバイは、1830年代にアブダビから移住した、ナヒヤーン家と同一部族出身のマクトゥーム家が首長として支配しており、代々UAEの副大統領兼首相の座を占めている。

ドバイの発展の度合いは人口推移を見ればわかる。1980年には28万人ほどだったが、2006年ごろには150万人に増えており、最近では270万人程度となっている。

外国人比率が90%以上と高いが、ドバイ人の人口増を図るべく、政府は海外在住のドバイ人の帰国を促し、公務員という「職」を用意し、家を建てるのに必要な土地も無償で分与している。さらに新婚夫婦に10万ドル、子供が1人生まれるたびに2万ドルを支給している。もちろん教育や医療などの費用は国家の負担である。

曾孫はラクダに乗っているだろう

ドバイでは、1966年の最初の油田発見以降、1970年代から1980年代にかけていくつかの新油田が発見された。だが、埼玉県より少し広いだけの面積（4114平方キロ）しかないドバイでは、それ以上の大型油田の発見は望むべくもなかった。

賢明なドバイの初代ラーシド・ビン・サイード・アール・マクトゥーム首長（1912～1990年、以下、シェイク・ラーシド）は、いつかは石油が枯渇することを見越し、脱石油の貿易立国を目指した。従来から中継貿易の中心地だったが、さらに物流・交通の地域ハブ（拠点）となるべく手を打っていった。

シェイク・ラーシドは、次の格言を好んで口にしたそうだ。

「祖父はラクダに乗っていた。父もラクダに乗っていた。自分はメルセデスに乗っている。息子はランド・ローバーに乗っている。彼の息子はランド・ローバーに乗っているだろう。だが、その息子はラクダに乗っているだろう」。

先見性を持ったリーダーの存在

「住友商事」でドバイ勤務を経験した三幣利夫氏（当時、日本貿易会常務理事）は、『日本貿易会月報』2006年11月号に「躍進する国際都市ドバイ」という小文を寄せ、ドバイの成功の裏には先見性を持ったリーダーがいた、と指摘している。なかでも「1970年代後半から港湾整備、拡張を始めたドバイは、1985年に画期的な2件のプロジェクトを立ち上げた」として、ジュベルアリ自由貿易地区の設営とエミレーツ航空の設立を挙げている。そして、「その後の空港拡張から大都市開発計画を立案・実行したのは、ラシッド首長の三男モハンマド（現首長）」だと書いている（人名表記は原文ママ）。

確かに１９６９年に始まったドバイの原油生産は１９９１年に41万ＢＤでピークを迎え、その後は漸減している。今では国内需要も賄えない10万ＢＤほどになっている。保有埋蔵量もすでに20億バレル程度に減少しており、シェイク・ラーシドの見通しが正しかったことを示している。

では、ドバイは具体的に、どのような方策をとったのだろうか？

拙著『原油暴落の謎を解く』（文春新書、２０１６年６月）でも紹介したが、ジュベルアリ自由貿易区の設営がもたらした効果について少々説明しておこう。

中東の治安を支える「スポンサー制度」

まず、理解の手助けとして、次の事実をご認識願いたい。

イスラムが支配する中東のほとんどの国では、異教徒の外国人が事業を始める、あるいは働くためには地元のスポンサーが必要である。身元保証人とでもいうべきスポンサーがいなかったら、外国人は何もできないのは、今も変わらない。

また、スポンサーとの関係は「結婚」というより、一生関係を断つことはできないという意味では「親子」に近い。死が２人を分かつまで、子は生涯、親に全身全霊、尽くさなければならない。

この「スポンサー制度」が現在のドバイのように、異教徒を含めた外国人が人口の9割を占めても、社会秩序や国内治安を守ることを可能にする秘策なのだ。

働く外国人は単身で来なければならない。家族を呼び寄せることは禁止されている。家族用ビザを発給しないのだ。また、外国人が何か悪事を働くと、スポンサーからビザ発給を止められてしまう。当該国の法律、慣習などに沿った行動をしないと国外退去となってしまう。

このように「スポンサー制度」は間違いなく治安維持の強力な抑制力となっている。

また、外国資本が始める事業もすべて、地元スポンサーを通じてコントロールできるし、利益の分配にもありつける、というわけだ。

外国人にとってスポンサーの選択、確保はまさに死活問題であり、このスポンサー制度こそが中東へのビジネス参入障壁を高くしているのである。

「中東三井物産」ドバイへの移転を断念

筆者が「イラン三井物産」に勤務していた1990年代後半、「三井物産」ではバーレーンに中東の本部を置いていた。「中東三井物産」である。銀行や商社など、他の日系企業もほぼ同様に、バーレーンに中東のトップを配置していた。

そのころ、すでにドバイでは、ジュベルアリに自由貿易区が設営されており、日系企業も何社かが進出していた。

政府が究極のスポンサーとなっているドバイの自由貿易区は、中東の参入障壁を引き下げる妙策だった。ここでは100％外資の会社設立もできるし、スポンサーなしで労働ビザの取得も可能だ。しかも50年間法人税が免除されるし、外国人の個人所得税も無税だった。

当時の「中東三井物産」社長は、本拠をドバイに移すことを考えた。自らジュベルアリの現場に足を運んだそうだ。だが、彼はバーレーンに残るとの最終判断を下した。

ドバイ移転を断念した理由は聞いていない。だが、テヘラン在勤時にジュベルアリ自由貿易区を訪れた筆者の経験から推測すると、「中東三井物産」の本社を置くには適当な地ではない、と判断したのだろう。

ジュベルアリは、確かにスポンサー不要で、従業員雇用を含め、日本や欧米で事業を行うのとほぼ同じ感覚で仕事ができる。それは中東では極めて画期的な事業環境だ。

だが、ドバイの中心地から30キロほど南西に行った当時のジュベルアリは、港に面した加工貿易・仲介貿易地区で、いわば工場地帯そのものなのだ。筆者が訪れたころは、高い建物はなく、多くが平屋かせいぜい2階建てのプレハブ簡易オフィスと倉庫群の街であった。顧客や事業パートナーが喜んで足を伸ばす場所ではない。何と表現すべきか。あえていえば、華がないのだ。

ドバイの創意工夫

イスラム国家であるという大前提を維持したまま、ドバイは中東の金融・貿易の中心地となることに成功した。そこには「自由貿易区」の設置以外にも絶えまざる創意工夫があった。

例えば、中東では当時、出張で訪れるための入国ビザを取得することすら容易ではなかった。

観光ビザなるものはなく、政府機関や地元企業などの受け入れ組織に、その人物の保証人となってもらって、ビジネスビザを発行してもらう必要があるのだ。

例えば、テヘランからドバイに行くためには、その昔はビザ申請の添付書類として「中東三井物産」ドバイ事務所に保証状を発行してもらう必要があった。筆者がテヘラン勤務の時代には、往復の航空切符があれば、滞在可能期間は短いが「通過ビザ」なるものを空港で取得可能だった。但し、長い列に並び、時間がかかることを覚悟する必要があった。だが、あるときから、ドバイの一流ホテルを予約すれば、そのホテルが保証状を発行してくれ、ドバイ空港で簡単に入国ビザが取れるようになった。これは画期的なサービスだった。

さらにホテルに手配料を支払えば、入国審査もＶＩＰ待遇で済むようになった。ドバイ空港に到着したら出迎えのホテル係員にパスポートを預け、特別待合室でコーヒーを飲んでいる間に入国審査が終了する、というサービスである。

ゴルフ場は、すでに複数オープンしており、テヘランにはない、ビールを飲みながらトンカツを食べることができる日本料理屋が何軒もあった。

このように、ビジネス客が喜んで訪問してくるように、創意工夫があちらこちらでなされていたのだ。

「中東三井物産」ドバイへの移転を実行

筆者はテヘランに２年間勤務したあと、２度目のロンドン勤務として４年を過ごしてから子会社の「三井石油開発」に出向となった。さらに東京勤務2年少々で「三井石油開発」のバンコク事務所勤務となったのだが、気がついたら「中東三井物産」の本社がバーレーンからドバイに移っていた。

バンコク在勤中に出張でアブダビに行く機会があり、帰路ドバイの「中東三井物産」本社を訪問した。ドバイの中心地にあるドバイ国際金融センタービル（Dubai International Financial Center、以下、ＤＩＦＣ）群の中のひとつのビルにオフィスを構えていたのだが、そのビルに入ると、ニューヨークかロンドンのオフィスビルの中にいるような錯覚に襲われたのが印象的だった。テナントはほぼすべて外国企業で、地下には「スターバックス」やら「ブーツ（ドラッグストア）」、あるいはハンバーガーショップなどが軒を並べており、歩き回っている人たちもほとんどすべてアラブ風ではない衣服を身につけたビジネスマンなのだ。

聞けば、ドバイ政府は、海外企業のドバイ進出を奨励するために、ジュベルアリ自由貿易区に加え、中心部に経済特区としての複数の商業ビルからなるＤＩＦＣを建築し、海外企業がテナントとして入居すれば、地元スポンサーが不要となる仕組みを考案したのだそうだ。

ＤＩＦＣのホームページによれば、現在１７５０社以上が進出し、２万１０００人以上が働いている。法人税は40年間ゼロで、特徴的なことはＤＩＦＣ内ではＤＦＳＡ（Dubai Financial Service Authority ＝ドバイ金融サービス機構）が管理しており、ＤＩＦＣ内で発生する民法と商法に関する事項は、ＵＡＥ法とは別の、英語で書かれたイギリスのコモン・ローと同一のＤＩＦＣ独自の法律が適用され、独立したＤＩＦＣ裁判所が管轄している。ロンドンやニューヨークと同じ感覚で仕事ができますよ、というわけだ。

２００４年に設営されたＤＩＦＣは、ドバイの脱石油政策成功の証しだろう。

サウジの改革は成功するか?

さて、では「ビジョン２０３０」で脱石油経済化を図ろうとしているサウジの改革は成功するだろうか?

卑見によれば、次のような理由から「難しい」と判断される。

サウジのムハンマド・ビン・サルマーン皇太子（ＭＢＳ）は、ＵＡＥの中のアブダビ首長国のムハンマド・ビン・ザーイド皇太子（ＭＢＺ）をメンター（業務上あるいは人生における指導者、助言者）としていると伝えられている。

余談だが、２０１７年11月、史上最高値の４億５０００万ドルで落札したレオナルド・ダヴィンチの幻のキリスト像と呼ばれる絵画「サルバトール・ムンディ」を、ＭＢＳはＭＢＺに寄贈した、いや高級ヨットと交換したと報じられている仲である。ＭＢＺは同年11月にオープンした「ルーブル・アブダビ美術館」の「目玉」としてどうしてもほしかったのだそうだ（Mail Online News「Arab princes cost themselves $450million in bidding war for painting」、２０１８年3月28日)。

ＭＢＳはアブダビを、いや正確にはドバイの「脱石油化」をモデルとして「ビジョン２０３０」の原案をマッキンゼーに作成させたようにみえる。だが、到底同じようなことはできないだろう。国のサイズが違うからだ。

小国ドバイと大国サウジ

サウジは、日本の5・74倍の215万平方キロの国土に3228万人が暮らす国だ。自国民が73％で2356万人、外国人労働者が27％の872万人となっている。

一方のドバイは、埼玉県と同じ程度の4114平方キロの土地に270万人、うち約9割が外国人という人口構成の国だ。自国民は25万人程度に過ぎない。自国民を増やすべく、海外にいるドバイ人に帰国を呼びかけている。そのための手厚い保護措置もとっていることは前述したとおりだ。

このように小国ドバイでできたことが、大国サウジで同じようにできる保証はない。いや、できないとみるのが妥当だろう。

サウジ人の中では、労働人口の7割が公務員である。公務員のほうが民間企業勤務者より福利厚生手当を含む給与水準は高い。しかも、前述したように、管轄大臣自らが「公務員は1日に1時間しか働かない」と公の場で発言するほどだから、誰もが仕事が楽で給料の多い公務員になりたがる。公務員から民間企業に移るインセンティブはない。「アラブの春」の嵐が中東に吹き荒れたとき、サウジがとった対抗策は臨時補助金の支給であり、若者を公務員として雇用することだった。石油価格が高かったからできた方策である。

民間企業のほうが公務員より給与などの待遇が良くなる日は、そうそう簡単には訪れないであろう。待遇ではない、やりがいだ、という労働意識が芽生える素地もまだまだ見受けられない。

残念ながら、サウジでは脱石油経済体制へ脱皮するためには、国民の根本的意識改革が最初の一歩となるだろう。そこに至るには、ロシア人が味わった１９９０年代と同じような苦難が待ち構えていると考えざるを得ないのではないだろうか。

ＯＰＥＣ内でのサウジとイラン

サウジもイランも、１９６０年に組織されたＯＰＥＣの創設メンバーである。

ＯＰＥＣ創設は、前年の１９５９年にカイロ郊外で半公式の「マハディ協定」が締結されたことに始まる。詳しくは拙稿「石油支配を我が手に　ＯＰＥＣを創った男たち」（２０１７年10月発行、『文藝春秋ＳＰＥＣＩＡＬ２０１７年秋号　世界近現代史入門』所収）を参照していただきたいが、両国は、ベネズエラやクウェート、イラクとともに「マハディ協定」の調印国だった。

当時の世界全体の石油生産量は約２０００万ＢＤ、現在の約5分の1である。国別では、アメリカが７０５万ＢＤで最大だったが、毎年生産量が増加していたＯＰＥＣ創設5カ国の合計生産量は、１９５９年が７０３万ＢＤ、１９６０年には７７６万ＢＤ強となっていた。

あれから約60年、カルテルとしてのＯＰＥＣの能力に疑問を呈する識者もいるが、需要のほうが供給より先にピークを迎えるだろうという「新ピーク・オイル論」の下では、コスト競争力が最も重要なものになっていく。そうなると、何といってもＯＰＥＣである。イギリスの大手石油会社「ＢＰ」の調査部門トップであるスペンサー・デール氏のいう「社会コスト」（「Peak oil demand and long-run oil prices」by Spencer Dale & Bassam Fattouh、２０１８年1月17日）をコントロールすることができるようになれば、ＯＰＥＣの影響力は今後ますます重要なものとなっていくとみるべきだろう。

サウジとイランの地域覇権争い

このＯＰＥＣ60年の歴史の中でも、サウジとイランは絶えずライバルとして地域覇権を競ってきた。特にシャーの時代は、自らを「シャーハンシャー（王たちの王）」、２０００数百年前のアケメネス朝ペルシャ帝国キュロス大王の後継者だと自負しており、石油生産量の増加により徐々に力をつけてきたサウジ王朝の歴史の浅さを見下しているような行動が随所に垣間見られた。

例えば、ＯＰＥＣ創設後間もない１９６３年、イランは、コンソーシアムを形成している大手国際石油会社と単独で直接ロイヤルティ交渉を行い、危うくＯＰＥＣを崩壊せしめるところだった。ＯＰＥＣの設立目的は、産油国が一丸となって大手国際石油会社と石油の支配権を巡る交渉を行うことにあったのに、シャーは、これを軽視していたのだ。それ以来１９６０年代は総じて大手国際石油会社がＯＰＥＣの存在を無視して行動することとなったのだが、それはシャーのこの愚行が原因であった。

また第一次オイルショックをもたらした１９７３年10月の第四次中東戦争の際には、サウジなどアラブ諸国が石油を「武器」とし、イスラエルの味方をしたアメリカやオランダなどに「禁輸措置」をとったのだが、イランは逆に増量し、これらの国への供給を継続した。サウジの神経を逆撫でする行為だった。

さらには、第四次中東戦争中の1973年10月にバレルあたり3・01ドルから5・11ドルへ(基準となるアラブ・ライト原油。以下、同じ)70%の値上げをしたのだが、シャーは勢いに乗って停戦後の同年12月、テヘランにおけるOPEC総会でさらに2倍以上の11・65ドルへの値上げを強行したのだった。サウジが苦言を呈して反対したように、2カ月間で約4倍の値上げは世界経済に悪影響を与えた。

このように、1970年代に入ってからは、イランはOPEC内の「急進派」を代表して強硬意見を吐き、「穏健派」代表のサウジとことごとく対立してきた。ついには合意できず、イランの値上げ要求をサウジが拒否し、基準価格が2つある二重価格制まで引き起こしてしまった。品質的に似通ったサウジ原油とイラン原油の価格差は、通常ならほぼゼロなのだが、1977年後半にはバレルあたり70セント程度、1979年から1981年にかけては2ドルもの差がつくほどだった。背景には、サウジが100年以上生産できる確認埋蔵量を持っているのに対し、イランの埋蔵量は少ない、という事情も存在していた。イランとしては、一刻も早く、一円でも多く、地下の石油を現金化したかったのだ。

イランとサウジのOPEC内での対立は、1979年のイスラム革命によりシャーが亡命し、イラン・イスラム共和国が誕生してからは、少々様相を異にすることになったが、基本的対立は継続していた。

1980年、イラクのフセイン政権が革命直後のイランへの攻撃を開始し、1988年まで続くイラン・イラク戦争が始まった。サウジは、アメリカや他のアラブ諸国とともにイラクを支援し、「救援原油」として販売したサウジ原油の代金をイラクに使わせるようなことまでした。

また、二度のオイルショックによる価格高騰がもたらした需要減少と、北海やアラスカ、あるいはメキシコなどの非ＯＰＥＣ原油の増産で供給過剰となり、価格下落が不可避となっているなか、１９８２年にＯＰＥＣは初めて「国別生産割当（Quota）」を導入して減産を試みた。だが、イランは割り当てられた「生産枠」を無視し、ほかの多くのＯＰＥＣメンバー同様、好きなだけ生産し続けていた。結局、サウジがスウィング・プロデューサーとなり、減産を一手に引き受けたのだった。

１９８６年の「逆オイルショック」と呼ばれる価格の大暴落は、イランをはじめとするほかのＯＰＥＣメンバーが約束を守らないことに怒ったサウジがシェア奪回作戦に出たことで引き起こされたものだ。

ここ数年は、欧米がイランの核疑惑を理由に原油輸出を制限する経済制裁を行っていたため目立たなかったが、ＯＰＥＣ内でのサウジとイランの確執は、依然として根強いものがあり、折に触れ表に顔を出しているのであった。

ＯＰＥＣ外でこそ真の覇権争い

石油政策のみならず、外交政策を巡る両国の基本的対立構図は、２００３年にフセイン政権が崩壊したことにより新たな局面を迎えた。それまでは、サウジとイランの間に位置するイラクが中東の大国として振る舞っていたため、サウジはイランと直接対峙しないで済んでいた。だが、イラクが大国としての地位から転落したのみならず、そのあと人口的に多数を占めるシーア派が政権を担うこととなったため、イラクにおけるイランの影響力が増大した。サウジはイランと直接、真剣に向き合う必要性が生じたのだ。

これはサウジにとって初めて直面する問題だ。

イランの影響力は、サウジを取り巻く、イラクからシリア、レバノンからパレスチナまでのいわゆる「肥沃な三日月地帯」に広がり、サウジにとって看過できない事態となっている。さらに南のイエメンでもイランが支持するフーシ派が勢力を拡大し、内戦状態となっている。

一方のサウジでは、2015年1月に即位したサルマーン国王が愛息ムハンマド王子（MBS）を徐々に引き上げ、ついには次期国王として有力だったムハンマド・ビン・ナーイフ皇太子を更迭し、2017年6月、自らの後継者とすべく皇太子に任命した。その後、MBSは潜在的ライバルを拘束するなどして追い落とし、権力の集中化を図っている。これは、伝統的な王族内コンセンサスを重視する支配手法と異なるため、サルマーン国王亡きあとも維持できるかどうか、疑問を呼んでいる。

MBSは「ビジョン2030」を立ち上げ、「脱石油」経済体制を構築して、現在の「家産制福祉国家」としての繁栄を維持していく未来を描いている。そして現在の支配体制に対する「脅威」は、王家による支配を否定し、宗教支配を主張するイスラムの過激思想の持ち主だと認識している。

図10　中東の国別イスラム教シーア派住民の比率

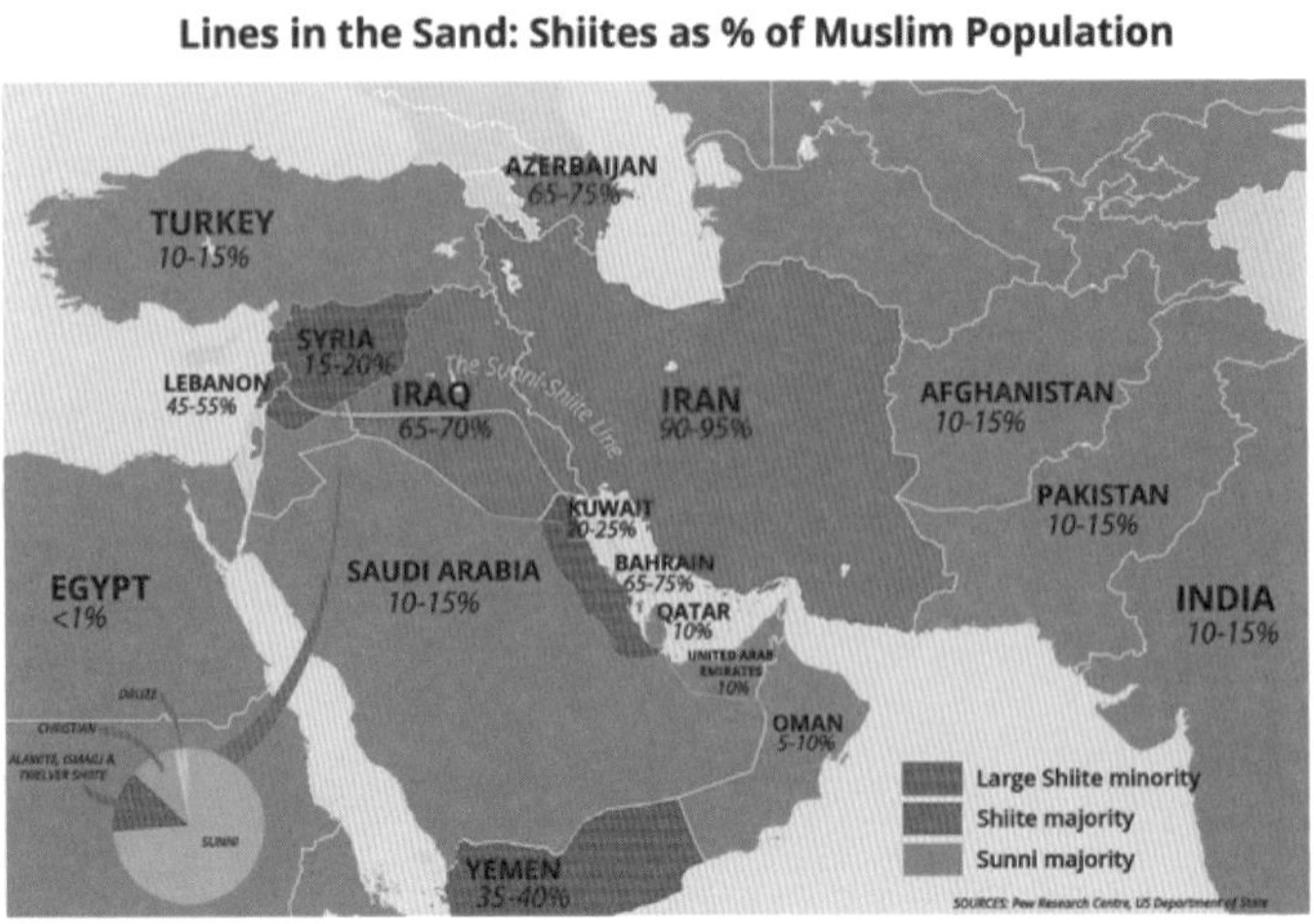

出所：Global Times

1979年のイラン革命時に、ホメイニ師がサウジ王家を激しく非難して「革命の輸出」を唱導したこと、これに呼応するかのように反サウド家で宗教的過激思想を持つ武装勢力が聖地メッカのモスクを占拠した際、異教徒であるフランス軍の協力で、2週間を要して鎮圧した苦い経験を持つだけに、反王家支配の動きには敏感にならざるを得ないのだ。

このような経緯があるので、サウド家による支配を批判する勢力の代表としてイランを最大の敵とみなしているのだ。

中東におけるシーア派住民

ここに興味深い地図（図10）があるので紹介しておこう。中東の国別イスラム教シーア派住民の比率がわかる地図である。

ご存知のように、イスラム教の聖地はサウジにあるメッカとメディナで、サウジの国王は「二聖モスクの守護者」という称号を保持しているが、世界のイスラム教には多数派のスンニ派と少数派のシーア派が存在している。サウジがスンニ派の巨頭で、イランがシーア派の総本山と目されている。

ちなみにシーア派の聖地は、イラクの首都バクダッドの南、約160キロのところにあるナジャフである。

地図ではわかりにくいが、イラクではシーア派が多数派（65〜70%）で、特に南部の産油地帯に多い。サウジでは少数派（10〜15%）だが、東部の産油地帯に多く居住しているのだ。

サウジがイランを警戒するのは、産油地帯に多いシーア派住民の分布状態も一因となっているのである。

もちろん、池内恵が著書『シーア派とスンニ派』（新潮選書、2018年5月）で指摘しているように、宗派は教義の差に基づくものではなく、いわば宗派コミュニティの違いによるものであり、宗派が同じだからといって政治行動が同一になるわけではない。また、シーア派が世界全体で一致団結している訳でもない。例えば、大きくはシーア派に分類されているが、シリアのアサド政権を支えるアラウィー派は、イランの十二イマーム派を主流とするものとはまったく別のものなのである。池内によれば、異教徒支配を認めたくないスンニ派が無理やりイスラムの異端であるシーア派の一部、と位置づけたともいえるそうだ。

中東各地で、イスラム教の信仰以外にも多くの複雑な要素が絡み合い、部族としての歴史的経緯や利害関係の有無も影響を及ぼし、各地で宗派コミュニティが形成されていく。これが政治グループの基礎をなす。だが、宗派コミュニティの形成過程においては人々が正しいと信ずる「生き方」が影響しており、その背景にイスラムの宗派が大きな影響を与えているのは事実なのだ。

イランがいなくなれば、サウジは安泰か

サウジの治世者たちは、イランの政治的影響力が自国を取り巻く「肥沃な三日月地帯」のみならず、国内東部のシーア派住民の多い地域に及ぶことを恐れている。彼らが王族支配ではなく宗教支配を望むことが、現体制を崩壊せしめる萌芽となる可能性があるからだ。

これから数十年、おそらく国王として君臨することとなるムハンマド皇太子（ＭＢＳ）の外交政策をみると、この「恐れ」が最大の行動要因になっているようだ。

２０１５年３月からのイエメンの内戦への介入や、２０１７年６月の小国カタールに対する明らかな内政干渉、同年11月初旬にレバノンのハリリ首相をリヤドに呼びつけ「辞任」声明を発表させたことなど、すべてはイランによる「宗教支配」、イデオロギーの拡散への恐怖心から発していると解釈すれば理解できる。

極めて仮説的議論であり、実は、これこそがＭＢＳが望んでいること（「Saudi Crown Prince: Iran's Supreme Leader "Makes Hitler Look Good"」Jeffery Goldberg『The Atlantic』April 2, 2018）なのだが、イランが「肥沃な三日月地帯」およびイエメンから一切手を引き、すなわち一切の外交を放棄し、イラン国内にのみ引きこもったとしたら、サウジ王室は安泰だろうか？

ＭＢＳは、イランをムスリム同胞団および過激派テロリストと並ぶ「悪の三人組（triangle of evil)」のひとりだとしており、なかでもハメネイ最高指導者については「世界征服」を試みており、ヨーロッパ征服を目指したヒトラーよりも酷い悪魔であるとしている。

そのイランさえ表舞台から姿を消し、サウジに対しても何の影響をもたらさなくなれば、サウジ王室は安泰だろうか。

残念ながら、筆者は否定的である。

なぜなら、これまで詳述したように、経済的にサウジの現行支配体制の正統性を担保する「家産制福祉国家」を維持することはできないと判断するからだ。

イランからの「脅威」が一切なくなったとしても、サウジは現行支配体制を維持することはできないだろう。

サウジは、変わらなければならない。

望むべくは「ソフトランディング」だが、その道は容易ではなさそうだ。

あとがきにかえて

筆者が最初の拙著『石油の「埋蔵量」は誰が決めるのか?』（文春新書、2014年10月）を上梓したときからの問題意識だが、日本人の「エネルギーリテラシー」が低いのは、なぜなのだろうか?

理由を求めて、明治期以降の日本の石油産業の歴史、あるいは政府がとった石油政策などを勉強して書いたのが、第二作として発表した『日本軍はなぜ満洲大油田を発見できなかったのか』（文春新書、2016年1月）だ。見えてきたのは、日本の為政者そのものの「エネルギーリテラシー」が低いという事実だった。だからまともな石油政策、あるいはエネルギー政策が存在したことがないのだ。

一例を挙げれば、3年に一度策定することになっている「エネルギー基本計画」がある。2018年7月3日に閣議決定されたばかりだが、前回の2014年4月に発表されたものと大差はない。「2014年版」もそうだが、「計画」の中核をなすのは「中長期的な電源燃料のベストミックス」になっているのだ。

「3・11」の経験を踏まえ、発電用燃料のベストミックス如何にあるべきか、ということが国内政治的に重要であることは否定しない。だが「エネルギー=電気、電力」ではない。「電気、電力」は、「エネルギーの一部」でしかない。

経済産業省が毎年発表している『エネルギー白書』の中に「我が国のエネルギーバランス・フロー概要」が掲載されている。最新版である『エネルギー白書2018』によれば、「電気、電力」用に投入されている一次エネルギー比率は39・2%、「電気、電力」として消費されている

〈主要な参考文献〉

序章

『マッキンダーの地政学　デモクラシーの理想と現実』、Ｊ・マッキンダー、原書房、２００８年
『地政学入門　外交戦略の政治学』、曽村保信、中公新書、１９８４年
『太平洋地政学』、カール・ハウスホーファー、岩波書店、１９４２年
『スパイクマン地政学　世界政治と米国の戦略』、ニコラス・Ｊ・スパイクマン、芙蓉書房出版、２０１７年
『海上権力史論』、アルフレッド・マハン、原書房、２００８年
「戦前戦中の欧米諸国及び日本における地政学の動向」、柴田陽一、京都大学学術情報リポジトリＫＵＲＥＮＡＩ、２０１４年
「政治・空間・場所―「政治の地理学」に向けて」、山崎孝史、ナカニシヤ出版、２０１０年
『地政学の逆襲　「影のＣＩＡ」が予測する覇権の世界地図』、ロバート・Ｋ・カプラン、朝日新聞出版、２０１４年
『国際政治　権力と平和』、ハンス・Ｊ・モーゲンソー、岩波文庫、２０１３年

第１章

『炎と怒り　トランプ政権の内幕』、マイケル・ウォルフ、早川書房、２０１８年
"Wildcatters - Texas Independent Oilmen", Roger M. Olien & Diana Davids, Hinton, 1984
『タイタン　ロックフェラー帝国を創った男』、ロン・チャーナウ、日経ＢＰ社、２０００年
"The History of the Standard Oil Company", Briefer Version, David M. Chalmers, 2003
『ニュージャージー・スタンダード石油会社の史的研究』、伊藤孝、北海道大学図書刊行会、２００４年
『日本軍はなぜ満洲大油田を発見できなかったのか』、岩瀬昇、文春新書、２０１６年
『満洲ニ於ケル航空関係事項ノ若干（主トシテ寒季ニ関係アル事項）』、宮子實、１９５１年、防衛省防衛研究所史料閲覧室

『「ノモンハン」事件教訓の若干（航空関係）』、宮子實、１９５１年、防衛省防衛研究所史料閲覧室
『ノモンハンの夏』、半藤一利、文春文庫、２００１年
『一石油人の想い出』、山内肇、石油文化社、１９８３年
"How Mitchel Energy & Development Corp. got its start and how it grew", Joseph W. Kutchin, Universal Publishers, 2001
The Cynthia & George Mitchell Foundation, http://cgmf.org/p/funding.html
'New Economics of Oil', Spencer Dale, 2015
『石油の「埋蔵量」は誰が決めるのか?』、岩瀬昇、文春新書、２０１４年

第2章

『東方見聞録』、マルコ・ポーロ、平凡社、１９７０年
『シベリア出兵』、麻田雅文、中公新書、２０１６年
『第一次世界大戦』、木村靖二、ちくま新書、２０１４年
『第一次世界大戦　忘れられた戦争』、山上正太郎、講談社学術文庫、２０１０年
『回顧録　其の一』、中里重次、国立国会図書館近代デジタルライブラリー、１９３６年
『現代ロシアを見る眼』、袴田茂樹、木村汎、山内聡彦、ＮＨＫブックス、２０１０年
『プーチンのエネルギー戦略』、木村汎、北星堂書店、２００８年
『プーチン、自らを語る』、ナタリア・ゲヴォルクヤン、アンドレイ・コレスニコフ、扶桑社、２０００年
『石油国家ロシア』、マーシャル・I・ゴールドマン、日本経済新聞出版社、２０１０年
「ロシアの石油ガス産業の２０１５年総括と２０１６年の見通し」、本村眞澄、石油天然ガス・金属鉱物資源機構調査部、２０１６年
「日本は寝耳に水　資源外交で勝敗分けた『機敏さ』　露ロスネフチ株取得合戦の舞台裏」、Ｓａｎｋｅｉ　Ｂｉｚウェブ版、２０１７年１月９日
『クリミア戦争』、オーランドー・ファイジズ、白水社、２０１５年

『東アジア戦略概観２０１５』、防衛省防衛研究所、２０１５年
「ロシア：サウス・ストリーム計画の撤回とロシアの天然ガスパイプライン網の再編」、本村眞澄、石油天然ガス・金属鉱物資源機構調査部、２０１４年
「２０３０年までのロシアのエネルギー戦略」、石野務、国際公共政策研究センター、２０１３年
「改めて『２０３５年までのロシアのエネルギー戦略』草案について」、アレクセイ・マステパノフ、北東アジア情報ファイル、Economic Research Institute for Northeast Asia、２０１７年
「欧米制裁下、ロシア北極圏で進む石油ガス開発の現状」、原田大輔、『石油・天然ガスレビュー』２０１７年９月号所収
「ロシア　砕氷船を使わず北極海航路　初成功と海運大手」、２０１７年8月28日付毎日新聞
「ロシア・ヤマルＬＮＧプロジェクト向け新造ＬＮＧ船３隻の造船契約を締結～世界初の砕氷ＬＮＧ船によるＬＮＧ輸送プロジェクトに参画　北極海航路の商業運航を実現～」、商船三井プレスリリース、２０１４年７月９日
「ロシア経済の現状と今後の展望」、堀江正人、三菱ＵＦＪリサーチ＆コンサルティング、２０１７年11月9日

第３章

『サイクス＝ピコ協定　百年の呪縛』、池内恵、新潮選書、２０１６年
『砂漠の豹　イブン・サウド』、ブノアメシャン、筑摩書房、１９６２年
『イスラムの盟主　サウジ・アラビア』、田村秀治、読売新聞社、１９８６年
『アラビア紀行』、中野英治郎、明治書房、１９４１年
“Burning oil to keep cool: The hidden energy crisis in Saudi Arabia”, Glada Lahn & Paul Stevenes, The Royal Institute of International Affairs, December 2011
『イラン　石油王国の崩壊』、ロバート・グレハム、拓殖書房、１９７９年
『イランはこれからどうなるのか』、春日孝之、新潮新書、２０１０年
『変貌するイラン』、駒野欽一、明石書店、２０１４年
「岸惠子イランをゆく　完結編　〝イランの母〟と呼ばれる日本女性」、岸惠子、『文藝春秋』１９８５年３月号所収

「イランにおける選挙制度と女性の政治参加」、貫井万里、日本国際問題研究所、２０１６年
「躍動する国際都市」、三幣利夫、『日本貿易会月報』２００６年11月号所収
『原油暴落の謎を解く』、岩瀬昇、文春新書、２０１６年６月
「石油支配を我が手に　ＯＰＥＣを創った男たち」、岩瀬昇、『文藝春秋ＳＰＥＣＩＡＬ２０１７年秋号』所収
'Peak oil demand and long-run oil prices', Spencer Dale & Bassam Fattouh, Jan 17, 2018
『シーア派とスンニ派』、池内恵、新潮選書、２０１８年
'Saudi Crown Prince: Iran's Supreme Leader 'Makes Hitler Look Good'', Jeffery G.Idber, The Atlantic, April 2, 2018
"On Saudi Arabia", Karen Elliott House, Vintage Books, 2013
"The Saudis Inside - the Desert Kingdom", Sandra Mackey, W.W.Norton & Company, 2002
『中東　危機の震源を読む』、池内恵、新潮選書、２００９年
"Salman's Legacy - The Dilemmas of a New Era in Saudi Arabia", Madawi al-Rasheed (editor), Hurst & Company, 2018
『倒壊する巨塔』、ローレンス・ライト、白水社、２００９年
『中東石油と世界危機』、中東経済研究所、総合研究開発機構、毎日新聞社、１９７９年

全般

『石油の世紀　支配者たちの興亡』、ダニエル・ヤーギン、日本放送出版協会、１９９１年４月
『現代日本産業発達史Ⅱ　石油』、井口東輔、現代日本産業発達史研究会、１９６３年
ＢＰ統計集、https://www.bp.com/en/global/corporate/energy-economics/statistical-review-of-world-energy.html
『日本石油百年史』、日本石油、１９８８年
『セブンシスターズ　不死身の国際石油資本』、アンソニー・サンプソン、日本経済新聞社、１９７６年
『石油の帝国　エクソンモービルとアメリカのスーパーパワー』、スティーブ・コール、ダイヤモンド社、２０１４年
"Out of Desert", Ali al-Naimi, Penguin Random House, 2016
"Crude Volatility – The History and the Future of Boom-Bust Oil Prices", Robert McNally, Columbia University Press, 2017

"Windfall – How the New Energy Abundance Upends Global Politics & Strengthens America's Power", Meghan L. O'Sullivan, Simon & Schuster Paperbbacks, 2017
"Oil Politics – a modern history of petroleum", Francisco Parra, I.B.Tauris, 2010

岩瀬 昇 いわせ・のぼる

1948年、埼玉県生まれ。エネルギーアナリスト。埼玉県立浦和高等学校、東京大学法学部卒業。1971年、三井物産に入社後、2002年より三井石油開発に出向、2010年より常務執行役員、2012年より顧問、2014年6月に退任。三井物産に入社以来、香港、台湾、2度のロンドン、ニューヨーク、テヘラン、バンコクでの延べ21年間にわたる海外勤務を含め、一貫してエネルギー関連業務に従事。現在は、新興国・エネルギー関連の勉強会「金曜懇話会」の代表世話人として後進の育成、講演・執筆活動を続ける。著書に『石油の「埋蔵量」は誰が決めるのか？』、『日本軍はなぜ満洲大油田を発見できなかったのか』、『原油暴落の謎を解く』（以上、文春新書）。会員制国際情報サイト『新潮フォーサイト』の「エネルギーの部屋」管理人として随時情報を発信中。

超エネルギー地政学
アメリカ・ロシア・中東編

2018年9月25日　第一刷発行

著　者　岩瀬 昇
発行者　志賀正利
発行所　株式会社エネルギーフォーラム
〒104-0061 東京都中央区銀座5-13-3　電話 03-5565-3500
印　刷　錦明印刷株式会社
ブックデザイン　エネルギーフォーラム デザイン室

定価はカバーに表示してあります。落丁・乱丁の場合は送料小社負担でお取り替えいたします。

　ISBN978-4-88555-495-7